COMTE LÉON DE MONTESQUIOU

NOTES
SUR LA
ROUMANIE

UN PAYS SAUVÉ PAR LA MONARCHIE. — UN ROI ET UNE CONSTITUTION.
LA QUESTION JUIVE.
LE CONFLIT ROUMANO-BULGARE. — LA MOBILISATION.
LES PAYSANS. — UN PROTECTIONNISME AGRAIRE.

Avec 16 planches de photogravures hors texte.

NOUVELLE LIBRAIRIE NATIONALE
11, RUE DE MÉDICIS, PARIS
MCMXIV

NOTES

SUR

LA ROUMANIE

DU MÊME AUTEUR

Le salut public. Un vol. in-18 jésus, broché. . . 3,50
La raison d'Etat. Un vol. in-18 jésus, broché. . 3,50
Les raisons du Nationalisme. Un volume in-18 jésus, broché. 3,50
Le système politique d'Auguste Comte. Un volume in-18 jésus, broché. 3,50
Les consécrations positivistes de la vie humaine. Un volume in-18 jésus, broché. 3,50
Le réalisme de Bonald. Un volume in-16 double-couronne, broché. 3,50
L'œuvre de Frédéric Le Play. Un volume in-16 double-couronnne, broché 3,50
1870. Les causes politiques du désastre. Un volume in-16 double-couronne, broché. 3,50
De l'Anarchie à la Monarchie. Brochure 0,15
La Noblesse, suivie d'extraits de Blanc de Saint-Bonnet sur le même sujet. Brochure. 0,15
Le Contrat social de J.-J. Rousseau, ou les Fondements philosophiques de la démocratie. Brochure 0,15
L'Action française, ses origines et sa doctrine. Brochure 0,20
La politique de l'Action Française, réponse à MM. Lugan et J. Pierre. Brochure, *en collaboration avec M. Lucien Moreau.* 0,40

COMTE LÉON DE MONTESQUIOU

NOTES

SUR LA

ROUMANIE

UN PAYS SAUVÉ PAR LA MONARCHIE. — UN ROI ET UNE CONSTITUTION.

LA QUESTION JUIVE.

LE CONFLIT ROUMANO-BULGARE. — LA MOBILISATION.

LES PAYSANS. — UN PROTECTIONNISME AGRAIRE.

Avec 16 planches de photogravures hors texte.

R.F. BIBLIOTHÈQUE NATIONALE IMPRIMÉS

NOUVELLE LIBRAIRIE NATIONALE

11, RUE DE MÉDICIS, PARIS

MCMXIV

Tous droits de reproduction, de traduction et d'adaptation
réservés pour tous pays.

AVANT-PROPOS

On ne trouvera pas ici une description de la Roumanie. C'est un travail qui a déjà été fait par des Français qui ont traversé ce pays. Je citerai notamment l'excellent ouvrage de M. André Bellessort [1]*. Pour moi, je me suis donc plutôt attaché, dans ces notes, à donner ce qui ne rentre pas ordinairement dans le cadre d'impressions de voyage. Celui qui voyage actuellement en Roumanie voit un pays prospère, ayant de bonnes finances, une bonne armée. Mais depuis quand en est-il ainsi ? Je me le suis demandé, le passé de la Roumanie m'intéressant d'ailleurs particulièrement, puisque j'y ai des ancêtres. Or l'histoire de la Roumanie est l'histoire d'un peuple aussi malheureux que possible. Rien ne lui a été épargné : joug des*

1. *La Roumanie contemporaine.*

quise par Trajan et repassent sur la rive droite du Danube, c'est, pendant près de dix siècles, dans les contrées qui formeront plus tard la Roumanie, des invasions multiples contre lesquelles les populations autochtones n'arrivent à se protéger qu'en se réfugiant dans leur citadelle naturelle des Carpathes.

Vers le milieu du XIIIe siècle, le flot migrateur s'étant apaisé, Moldaves et Valaques commencent à pouvoir réunir leurs différents clans en grandes principautés.

Quel est le régime politique de ces principautés ? Ce régime, c'est la monarchie élective. Entre toutes les familles, il en est bien une qui a réussi à se distinguer des autres, la famille des Bassarab, — aussi donnera-t-elle aux Moldo-Valaques un grand nombre de chefs, — mais cette famille n'a su ou n'a pu instituer chez elle l'hérédité. C'est l'élection qui désigne le souverain. Et l'élection produit ici ses effets ordinaires. Ce sont, autour du trône, compétitions, brigues, intrigues, luttes sournoises ou sanglantes. Bref, c'est la guerre civile en permanence avec toutes ses misères. Celui qui a conquis le pouvoir est bientôt renversé. La moyenne des règnes dans maintes périodes ne dépasse pas trois ou quatre ans. Le peuple est misérable. Et, pourtant, c'est un peuple brave. Bien des traits d'héroïsme dans son histoire en fournissent la preuve. Mais le régime politique auquel il est soumis, et qui le livre à la lutte des partis, annule ses qualités. Aussi lorsqu'un prince réussit, pour un temps, à arrêter cette lutte et à écarter ses compétiteurs, en s'imposant notamment par des victoires sur les Turcs, c'est aussitôt une ère d'ordre et de progrès relatifs qui s'ouvre. Mais à la mort de ce prince, l'élection du nouveau chef engendre ses fruits habituels, et la guerre civile fatalement recommence.

Je viens de parler de victoire sur les Turcs. Ceux-ci ont fait leur apparition dès la fin du XIVe siècle. A la lutte des partis s'ajoutent, à partir de cette époque, tous les maux d'une guerre implacable contre ce nouvel ennemi, guerre qui durera environ deux siècles.

Mais, dès lors, autour du trône, une nouvelle source de troubles va naître : l'intrigue étrangère. Ce qui se passera en Pologne se passe ici.

L'élection produit les mêmes effets. « L'usurpation de pouvoir de la part des Turcs, — écrit un historien roumain Alexandre Sturdza, — était d'autant plus fatale que le système de succession au trône dans les pays roumains, rendant la possession du pouvoir excessivement chancelante, poussait les prétendants à s'adresser aux puissances voisines pour trouver l'appui dont ils avaient besoin contre leurs compétiteurs ». — « Ces trônes, ajoute-t-il, arrivèrent bientôt à former, vers la fin du XVIe siècle, ainsi que dans les XVIIe et XVIIIe siècles, l'objet de la spéculation la plus effrénée de la part des Turcs [1] ».

Les Turcs se font payer leur appui. Ils vendent la souveraineté. L'acheteur doit se récupérer sur les populations. Pour cela, il les accable d'autant plus d'impôts qu'il doit se rémunérer rapidement. Les Turcs ne le laisseront pas, en effet, longtemps jouir de son pouvoir. Il sera, à bref délai, jeté à bas, car ce sera pour les Turcs l'occasion d'un nouveau gain par une nouvelle vente du pouvoir.

1. *La Terre et la Race roumaines (des origines à nos jours).*

Jusqu'en 1711, ce sont des princes indigènes que les sultans font arriver ainsi au trône. Mais à partir de cette date et jusqu'en 1823, il n'y a même plus pour les pays roumains ce simulacre d'indépendance. Les Turcs envoient, pour gouverner les deux principautés, des Grecs du *Phanar,* l'un des quartiers de Constantinople. D'où le nom de « règne des Phanariotes » donné à cette période de l'histoire.

Si avec les Phanariotes, toute élection est abolie, par contre le régime de la vente du trône persiste. Les Turcs continuent donc à avoir avantage à changer le plus fréquemment possible les détenteurs du pouvoir. C'est ainsi que pendant ce règne des Phanariotes, — 1711 à 1821, — trente princes se succèdent en Moldavie, trente-deux en Valachie.

En 1822, pour la première fois après plus d'un siècle, la Porte nomme de nouveau des princes indigènes. En 1842, la Valachie reconquiert le privilège d'élire elle-même son souverain. C'est pour le renverser en 1848. La Porte lui retire alors ce privilège de l'élection. Les deux principautés le recouvrent à nouveau, après la Convention de Paris, en 1858 ; et en 1859 Moldavie et Valachie s'unissent enfin, pour la première fois, sous un même prince élu par elles, le colonel Couza. Une conspiration civile et militaire le renverse en 1866. Ainsi de nouveau le régime électif menaçait de rejeter dans les compétitions, la guerre civile, tous les maux dont les Moldo-Valaques avaient si grandement souffert pendant la majeure partie de leur histoire. La Roumanie était sur le chemin de disparaître comme la Pologne.

Cependant cette conspiration de 1866 devait sauver le pays. C'est qu'à l'encontre des précédentes, elle avait pour but de mettre fin à la lutte des partis, en recourant au principe d'hérédité.

Le pays avait été préparé à accepter ce principe, par une propagande qui datait de plusieurs années. Déjà, en 1857, cette propagande avait abouti à un vœu formulé par les *Divans ad hoc* (assemblées) de Jassy et de Bucarest en faveur de l'union des principautés sous un prince héréditaire. L'assemblée de Jassy motivait ainsi son vœu[1] : « Pour que l'union produise, au dehors et au dedans, tous les heureux résultats qu'on en attend, il est nécessaire d'établir un gouvernement fort, stable, respecté de tous, à l'intérieur, et soutenu, au dehors, par la grande famille des maisons régnantes ; un pareil gouvernement ne saurait s'obtenir par le régime vicieux des hospodars (princes) électifs et déposables, qui, l'histoire en est témoin, n'a produit qu'anarchie, par les rivalités et les ambitions des fréquents et nombreux aspirants à la Principauté, que faiblesse et corruption, par leurs abus et leur népotisme, et surtout, qu'occupations et guerres, à cause de la séparation des deux pays et parce que les princes étaient soumis à toutes les influences étrangères ».

L'assemblée de Bucarest déclarait de son côté, par l'organe de Jean Bratiano : « Nous avons tous

1. Les textes cités dans ce chapitre et le suivant sont tirés de deux volumes que je dois à l'obligeance du bibliothécaire de l'Académie de Bucarest, et qui contiennent (en français) « les actes et documents relatifs au règne du roi Charles de Roumanie », pour les années comprises entre 1866 et 1877 ; actes et documents mis en ordre et publiés par M. Démètre. A. Sturdza, ancien président du conseil des ministres, secrétaire général de l'Académie roumaine.

vu, dans l'histoire de ce pays, qui n'est qu'un long drame se déroulant depuis plusieurs siècles, que l'élévation au trône de nos princes,élus parmi nous, a toujours ouvert la voie à une influence étrangère dans les Principautés ; que le trône princier a été la pomme de discorde entre toutes les familles influentes du pays. Celles-ci, au lieu d'employer leurs forces à défendre et fortifier la patrie, n'ont fait que l'affaiblir dans des luttes suscitées par leurs criminelles ambitions, luttes qui ont coûté plus de sang qu'il n'en avait jamais fallu à la défense de la patrie commune ; et si le sang a cessé de couler depuis quelque temps, nos forces nationales n'ont cependant pas cessé d'aller en s'épuisant, par suite des déchirements sous diverses formes, des déprédations incessantes et des ruineuses dépenses que les aspirants-hospodars mettaient à la charge du trésor public, soit pour arriver au pouvoir suprême, soit pour s'y maintenir, une fois qu'ils y étaient arrivés. C'est pourquoi les Roumains veulent fermement aujourd'hui mettre à la tête du nouvel Etat un prince choisi dans une famille souveraine de l'Europe occidentale. En demandant à ces dynasties un guide, ils entendent donner à l'Europe une garantie de leur détermination de marcher, eux aussi, avec l'ordre le plus parfait, dans la voie qu'elle suit elle-même, c'est-à-dire la voie du progrès, de la civilisation ».

Mais l'Europe n'écoute pas ce vœu. Trop de puissances, ayant des visées sur les principautés, ont intérêt à y maintenir le désordre. De par la convention de Paris de 1858, les deux principautés roumaines sont donc appelées à maintenir chez elles le régime électif et à élire chacune séparément un prince à vie. Elles élisent le même, le colonel Couza. Dans la séance d'élection, l'assemblée de Moldavie déclare « devant Dieu et devant les hommes, que l'union des Principautés en un seul Etat et sous un prince étranger appartenant à l'une des familles régnantes de l'Europe, demandée à l'unanimité par les assemblées *ad hoc*, dans les jours mémorables du 7 et du 9 octobre 1857, a été, est et sera le vœu le plus vif, le plus ardent, le plus général de la nation roumaine. L'Assemblée élective, au nom du pays, exprime ses profonds regrets de ce que ce grand vœu, le seul qui, réalisé, puisse assurer le bonheur des cinq millions de Roumains, n'ait pas été accompli ». Néanmoins, l'Assemblée ajoute qu'en attendant mieux, elle accepte la Constitution qui a été octroyée par les puissances.

Cette constitution ne produisit pas de bons fruits. Aussi, en 1866, quelques patriotes, civils et militaires, résolurent, comme je l'ai dit, de se passer de l'assentiment de l'Europe pour installer le régime monarchique qu'ils considéraient comme pouvant seul sauver leur pays. Le 10 (22) février, c'étaient les chasseurs qui étaient de garde au Palais. A sept heures du soir, un jeune homme qui arrive à pénétrer jusqu'au prince Couza, le prévient qu'une révolution doit éclater la nuit même. Le préfet de police, mis au courant de cette nouvelle, revient à onze heures, après avoir fait le tour de la ville, annoncer que tout est calme dans la capitale. « Du reste, dit Couza à son préfet, en prenant congé de lui, je n'ai rien à craindre cette nuit, puisque je suis gardé par les chasseurs ».

A quatre heures du matin, le prince Couza est réveillé en sursaut et se voit entouré de l'officier de garde, de trois capitaines et de quelques civils.

On lui présente un acte d'abdication qu'on le force à signer, on le met dans une voiture et, le lendemain, il passait la frontière. En se réveillant le matin, les habitants de Bucarest voyaient les rues occupées militairement et pouvaient lire sur les murs, signé du gouvernement provisoire, que, « par l'élection d'un prince étranger comme prince des Roumains, tous les vœux émis par les divans *ad hoc* allaient devenir un fait accompli ».

Dans une lettre adressée aux représentants des puissances à Bucarest, le ministre des affaires étrangères formulait ainsi les griefs élevés contre le prince Couza par les organisateurs du coup d'Etat : « Exclusivement préoccupé des luttes de parti inhérentes à tout régime constitutionnel, au lieu de réfléchir à ce qu'il pouvait faire pour ôter aux partis toute raison légitime d'opposition, en puisant sa force dans une bonne organisation de la Justice et des Finances, le prince Couza n'a cru pouvoir consolider son gouvernement qu'en semant la méfiance et en excitant les hommes des diverses opinions les uns contre les autres.

« S'il a, dans le principe, appelé aux affaires

les hommes capables du pays, ce n'est qu'afin de paralyser leur bon vouloir et leur savoir faire, et rendre ainsi leur retour impossible, soit en les usant par tous les moyens dont son entourage disposait, soit en les brisant aussitôt que leurs efforts commençaient à donner des résultats utiles, leur substituant alors des successeurs bientôt remplacés à leur tour par des gouvernements non moins éphémères, et ainsi de suite, en vertu d'une politique qui aboutissait à créer un gouvernement occulte en dehors du gouvernement officiel.

« Et cela a duré ainsi jusqu'au jour d'explication où les divers partis, se donnant la main, se sont entendus pour ne pas laisser le pays tomber dans l'anarchie ».

« Les meilleurs officiers, — exposait encore le ministre des affaires étrangères, — étaient suspectés et disgrâciés. L'avancement était la récompense de l'intrigue ou le fait du favoritisme. On spéculait sur les fournitures, on froissait toutes les susceptibilités des officiers, on les blessait dans leur honneur militaire. Leur service devenait impossible sous un gouvernement arrivé à perdre toute action morale sur l'esprit du peuple et de l'armée.

« Pour me résumer : anarchie et improbité, négation de tout principe de justice, réforme inconsidérée des lois qui touchaient aux intérêts les plus scandaleux, appel ou maintien aux fonctions publiques d'individus mal famés toujours prêts à sacrifier le bien général à leurs intérêts égoïstes, influence corruptrice ou moyens comminatoires mis en œuvre dans les élections représentatives et municipales ; immixtion dans les litiges particuliers, et partant, pression faite sur le libre arbitre de la magistrature et des hauts fonctionnaires pour leur imposer des décisions étrangères à l'équité et repoussées par leur conscience ; dilapidation des deniers publics dans les proportions les plus inquiétantes, entraînant une pénurie dont le Trésor ressentira longtemps les déplorables effets ; discrédit absolu avec impossibilité jusqu'ici de s'en relever tant à l'intérieur qu'à l'extérieur ; enfin, pour couronner l'œuvre, démoralisation dans toutes les branches du service, mépris pour la famille, pour la propriété, pour la religion, tel est l'ensemble de faits dont la responsabilité incombe au gouvernement passé ».

Et, pourtant, l'histoire dit que le prince Couza fut plutôt un bon prince. Il fit ce qu'il put, étant donné l'origine de son pouvoir, la lutte des partis, et l'obligation où il était de se défendre contre des compétiteurs. Le tableau qui nous est présenté plus haut est en somme un tableau normal des gouvernements électifs. C'est au régime, non au prince, qu'était dû l'état du pays. C'est ce qu'ont d'ailleurs parfaitement compris les organisateurs du coup d'Etat de 1866, comme le montrent quelques textes significatifs que l'on trouvera ci-après.

Le même jour où le prince Couza était déposé, le gouvernement provisoire, afin de mettre le pays et l'Europe devant un fait accompli, faisait acclamer par le Sénat et la Chambre le comte de Flandre comme prince de Roumanie. Mais celui-ci refusa le trône qui lui était offert. Il fallut chercher ailleurs, faire d'autres démarches. Cela prit plus d'un mois et cela laissa le temps aux représentants des puissances, réunis à Paris en conférence, d'élever des protestations contre les projets politiques roumains, comme contrevenant à la Convention de 1858.

A ceci le ministre des affaires étrangères de Roumanie faisait remarquer, en écrivant à son agent à Paris : « L'intention des Hautes Puissances, en signant le traité de Paris, fut, nous n'en doutons pas, de donner aux Principautés roumaines la stabilité qui leur avait fait défaut jusqu'alors, par suite — entre autres causes — de la position exceptionnelle des anciens Hospodars constamment sollicités en sens inverse par des influences sous lesquelles disparaissait leur libre arbitre ; enfin, et surtout, par suite des conditions déplorables inhérentes à un principat indigène électif. »

Eh bien, ajoutait en substance le ministre roumain, si les Puissances veulent vraiment un régime stable pour notre pays, qu'elles sachent que ce régime ne peut être qu'une monarchie héréditaire sous un prince étranger.

Le même ministre écrivait encore au Chancelier d'Angleterre : « Le système d'un chef électif, *bon à la rigueur chez un peuple où l'intrigue extérieure n'a pas d'accès,* est peut-être de nature à y produire (encore est-ce fort problématique) quelques heureux résultats.

« Il n'en saurait être de même à l'égard d'un pays *ouvert comme le nôtre aux convoitises de l'étranger* ; car alors il arrive de deux choses l'une : ou bien l'élection est due à l'influence extérieure qui a le dessus, ou bien le choix de la nation se porte sur le citoyen qui a su se ménager les vulgaires avantages de la popularité, et vous n'ignorez pas, Monsieur le Ministre, à quel prix elle s'acquiert fort souvent et combien ses choix sont sujets à caution par suite de leur indignité fréquente ».

Le ministre roumain faisait valoir ici surtout les méfaits de l'immixtion de l'étranger dans l'élection des princes. Car c'est cet argument qui pouvait le plus toucher l'Angleterre, désireuse qu'elle était d'arracher la Roumanie à l'influence russe. Mais, dans le mémoire présenté à la Conférence de Paris par les délégués roumains, les maux de l'élection sont exposés d'une façon plus générale : « Instruits par l'expérience du passé, déclarent les délégués, les Roumains ne veulent plus, en premier lieu, avoir des Princes élus à vie ou à terme limité. Ils savent à quelles perturbations ils ont été exposés à chaque nouvelle élection, à chaque changement de Prince. Dès que le trône était vacant, toutes les ambitions entraient en lutte pour en obtenir la possession. De là, une série d'intrigues, tissées à l'intérieur ou à l'étranger, dont le résultat était d'affaiblir, dès le début, le vainqueur, ou de porter atteinte aux droits du pays. Le nouveau Prince devenait l'instrument docile du parti qui l'avait élevé, ou bien l'humble agent d'une Puissance qui le protégeait contre les attaques auxquelles il était exposé. Il n'y a presque pas eu de changement de Prince qui n'ait été accompagné de dissensions, de troubles plus ou moins violents, ou même qui n'ait donné lieu à une invasion étrangère ! Le règne d'un Prince était considéré, par ses concurrents ou par d'obscurs ambitieux, comme une sorte de bail, dont la durée trop prolongée excitait leur impatience et les provoquait à des actes de violence, dont l'effet était de faire cesser un état qu'ils regardaient comme provisoire, pour plonger le pays dans un autre provisoire, tout aussi peu assuré.

« Voilà ce qui s'est répété pendant des siècles, et si l'on voulait faire l'histoire des Princes roumains, on verrait que leur chute et leur élévation ont presque toujours été accompagnées des mêmes phénomènes, parce que les mêmes causes produisaient toujours les mêmes effets.

« Eh bien, les Roumains sont las d'un pareil état de choses. Ils veulent en finir avec le provisoire et l'incertain. Chaque pays doit avoir la forme de gouvernement qui lui convient. Le gouvernement électif, viager ou à temps limité, peut être bon pour certains pays ; mais on ne peut dire qu'il le soit pour tous ; et ce qui est certain, c'est qu'il ne l'est pas pour les Principautés-Unies, qui ne voient d'ordre et de stabilité possibles pour elles que dans un gouvernement héréditaire. Et comment les grandes Puissances Européennes, qui ont toutes la forme du gouvernement monarchique héréditaire, pourraient-elles le leur refuser ? »

Mais tout cela n'était guère propre à émouvoir les puissances réunies à la Conférence de Paris, ou tout au moins trois de ces puissances : la Turquie, la Russie et l'Autriche. Ce n'est pas un gouvernement fort et stable que ces trois puissances voulaient pour la Roumanie, bien au contraire. La Turquie tenait à garder sa suzeraineté sur les principautés roumaines. La Russie et l'Autriche à y maintenir leur influence et pour cela à perpétuer le désordre pour avoir des raisons d'intervenir. L'Angleterre, par contre, et la France, pour barrer la route de Constantinople à la Russie, avaient intérêt à voir les vœux des Roumains réalisés. C'est donc à ces deux puissances que les délégués de Roumanie, après le refus du comte de Flandre, s'adressèrent en sous-main pour savoir quel prince étranger aurait la chance d'être agréé par elles.

L'Angleterre et la France désignèrent le second fils du prince Antoine de Hohenzollern, le prince Charles. Ce que les gouvernements anglais et français voulaient avant tout, c'était ni prince russe ni prince autrichien. En mars 1866, Sadowa n'avait pas encore eu lieu. Napoléon III voyait dans l'Autriche l'ennemie et au contraire dans la Prusse un pays à protéger. (C'est le moment précisément où il patronnait l'alliance prusso-italienne !) Il estimait donc parfait le choix d'un prince prussien. De plus, il était guidé dans son choix par des raisons de parenté. Le prince de Hohenzollern, candidat au trône de Roumanie, se trouvait, en effet, avoir comme grand'mère maternelle, Stéphanie de Beauharnais, fille adoptive de Napoléon Ier. De plus, sa grand'mère paternelle était une Murat.

« Le roi (de Prusse), — écrivait le 10 avril 1866 le prince Charles de Hohenzollern à son frère, — n'a pas prononcé un mot de la question roumaine en ma présence. Le Prince héritier en revanche, m'en a entretenu en détail et ne s'est montré en aucune façon défavorable à la chose ; un seul point le gênait, c'est que la candidature ait été préconisée par la France, car il appréhende que celle-ci n'exige en son temps de la Prusse, en échange de la faveur qu'on lui accorde, une rectification de territoire. Je répliquai qu'à mon avis l'Empereur Napoléon ne songeait pas à de pareilles transactions mercantiles, mais qu'il s'était laissé guider dans cette offre plutôt par des considérations de parenté que par des intérêts égoïstes quelconques ».

Cependant le roi de Prusse était, lui, plutôt opposé à la candidature. Il faisait remarquer que si le prince Charles de Hohenzollern éprouvait des difficultés à prendre possession de son trône, la Prusse, vu sa position géographique, ne saurait lui venir en aide. Il lui répugnait, d'autre part, qu'un de ses parents se trouvât vassal de la Turquie. Jugeant d'après le passé de la Roumanie il ne croyait pas à l'avenir de la nouvelle monarchie. Enfin il faisait valoir que cette monarchie obligée de s'appuyer soit sur la Russie, soit sur l'Autriche, serait amenée, pour des raisons qu'il exposait, à choisir l'Autriche, c'est-à-dire « le principal adversaire de la Prusse ».

Et, en effet, la Roumanie fut amenée à s'appuyer sur l'Autriche. Mais l'Autriche — ce que n'avait pas prévu le roi Guillaume — n'était plus alors l'adversaire de la Prusse.

Bismarck, lui, conseille, au contraire,au prince de Hohenzollern d'accepter la couronne qui lui est offerte, mais en le faisant de manière à ne pas engager la Prusse. Les conseils qu'il donne à ce propos sont intéressants. Ce sont lès conseils d'un rusé renard. « Demandez au roi un congé, expose-t-il au prince de Hohenzollern, un congé pour l'étranger ; le roi est assez fin, je le connais à fond, pour comprendre cela et pour voir l'intention. En outre, vous le soulagez par ce moyen de l'obligation de prendre une décision, ce qui lui sera nécessairement très agréable, vu qu'il a politiquement les mains liées. Vous adresserez votre demande de congé de l'Etranger et vous vous rendrez dans le plus strict incognito à Paris, où vous solliciterez une audience secrète de l'Empereur, dans laquelle vous lui exposerez vos vues avec prière de bien vouloir témoigner de l'intérêt à votre affaire et de la défendre auprès des autres Puissances. Voilà, à mon avis, le seul mode et moyen d'entamer l'affaire, si Votre Altesse songe en général à accepter la couronne en question. Mais si l'affaire vient auparavant devant la Conférence de Paris, ce ne sera pas des mois, mais des années qu'elle traînera. Les Puissances les plus intéressées, la Russie et la Porte, protesteront de la façon la plus décisive contre votre élection ; la France, l'Angleterre, l'Italie seront de votre côté, et l'Autriche emploiera tous les moyens pour faire échouer votre candidature. — Il n'y a pourtant pas grand chose à redouter de ce côté-là, car j'ai l'intention d'occuper l'Autriche pour quelque temps. (Deux mois après il l'occupait, en effet, on sait comment !) En ce qui concerne la Prusse, c'est elle qui, de toutes les puissances, se voit dans la situation la plus difficile : elle s'est toujours tenue à l'écart de la question d'Orient, à cause de sa situation politique et géographique, et n'a fait qu'émettre sa voix dans le conseil des grandes puissances. Mais dans ce cas particulier, je devrais, comme ministre président prussien, me prononcer contre vous, si pénible que cela me puisse paraître, car je ne saurais dans le moment présent provoquer une rupture avec la Russie, ni engager nos intérêts d'Etat pour des intérêts de famille. Si Votre Altesse agissait de sa propre initiative, le roi sortirait d'une situation qui lui est pénible, et je suis persuadé qu'il ne serait pas défavorable à cette idée que je suis prêt à lui communiquer de vive voix, s'il veut me faire l'honneur de me recevoir, quoiqu'il ne puisse comme chef de famille lui donner son assentiment. Une fois Votre Altesse en Roumanie, la question sera bien résolue, car si l'Europe se voit en face d'un *fait accompli*, les Puissances intéressées de plus près protesteront, il est vrai, mais une protestation reste sur le papier, et le fait ne pourra plus être révoqué ».

Le prince de Hohenzollern suivit les conseils de Bismarck. Il prit le chemin de la Roumanie en se dissimulant, — car il devait traverser l'Autriche où on l'aurait arrêté, s'il avait été reconnu, — et le 8 (20) mai 1866, il mit pour la première fois le pied dans le pays qui juste un mois auparavant l'avait acclamé comme son prince par 685.969 voix contre 224. (On voit que le gouvernement provisoire roumain savait *faire* une élection). Les puissances protestèrent, mais comme Bismarck l'avait prédit, les protestations restèrent sur le papier, et n'eurent par suite rien d'effectif.

Pourquoi les Roumains voulaient, en 1866, une monarchie héréditaire chez eux, voilà ce que j'ai exposé précédemment. Pourquoi ils voulaient un prince *étranger*, voilà ce qui est intéressant également à noter.

L'idée d'un prince étranger était ancienne. Elle remonte — exposait le mémoire présenté à la Conférence de Paris — à 1821, c'est-à-dire à l'époque même où les principautés roumaines avaient recouvré le droit de nommer elles-mêmes leur « hospodar ». L'assemblée *ad hoc* de Bucarest de 1857 exposait fort bien les raisons d'un tel vœu : « La question de l'Union des Principautés en un seul Etat — avait décrété cette assemblée — présente, comme corollaire indispensable, la question du Chef du nouvel Etat ; et, prenant surtout en considération le système gouvernemental dominant aujourd'hui en Europe, le principe de l'hérédité du trône de la Roumanie apparaît comme le seul capable d'assurer au nouvel établissement politique toutes les garanties de stabilité, de prospérité et de force que se proposent ses fondateurs ; — pour que le Prince régnant puisse prévenir les jalousies et les rivalités que ferait naître nécessairement au sein de la Roumanie un simple citoyen roumain appelé au trône du nouvel Etat ; pour qu'il ne soit pas soupçonné d'avoir contracté des engagements antérieurs, d'avoir des préférences pour tel ou tel parti, pour telle ou telle famille ou personne ; — pour qu'il puisse inspirer une confiance entière à ses sujets en leur donnant toutes les garanties d'impartialité et d'indépendance, garanties qu'un souverain indigène serait incapable d'offrir ; — pour que, grâce aux liens du sang, il puisse faciliter l'introduction de la Roumanie dans la grande famille des Etats européens et mieux lui assurer leur appui ; pour qu'il puisse jouir au dedans et au dehors de l'autorité, du prestige, qui conviennent à un souverain et particulièrement à un fondateur de dynastie ; — pour toutes ces raisons, il est nécessaire que le prince régnant de la Roumanie soit élu dans une des familles souveraines de l'Europe ».

Il faut entendre, d'autre part, les raisons exposées dans le mémoire présenté à la Conférence de Paris. Je m'excuse de faire de si longues citations. Mais ces citations résument l'expérience d'un peuple, d'un peuple en proie aux plus violentes et sanglantes luttes intestines, et qui, par l'organe de ses représentants les plus clairvoyants, proclame le seul moyen de salut. Ceux qui parlent ici, ce ne sont pas des théoriciens, ce sont des hommes politiques qui ont pris part aux luttes mêmes qu'ils désirent voir terminer. Il y a là de l'histoire vécue qu'il est intéressant d'écouter.

Le mémoire présenté à la Conférence de Paris, par les délégués roumains, déclare donc : « Le seul moyen pratique pour faire réussir dans les principautés la forme du gouvernement monarchique héréditaire, c'est de mettre à la tête de ce pays un prince étranger. Ces deux principes sont la conséquence naturelle l'un de l'autre ; et la nation roumaine a été très logique en refusant constamment de les séparer ; car vouloir les séparer, ce serait vouloir les anéantir tous les deux. Dans les principautés, *il n'y a aucune famille* qui ait assez de prestige et d'autorité morale pour pouvoir fonder une dynastie. Cela s'est rencontré en Serbie, en Egypte. La Roumanie se trouve dans la nécessité où se sont trouvés avant elle la Belgique, la Suède, la Grèce et d'autres pays encore, de demander à des étrangers un prince qui vienne fonder chez elle une dynastie. Le nom est souvent la garantie de la force ; or, nous le répétons formellement encore une fois, il n'y a pas dans les Principautés aucun nom assez éclatant pour donner à une dynastie la force et l'autorité morale dont elle devrait être entourée. Les familles historiques, contemporaines de nos guerres nationales, sont éteintes ou réduites à l'état de simples paysans. En revanche, le pays abonde, par suite des fréquents changements de princes, en familles d'origine moderne qui, parce que leurs pères ou aïeux ont régné dans l'une ou l'autre des principautés, croient toutes avoir un droit quelconque au trône ; et si, à ces prétendants, on ajoute les ambitieux qui se croient capables de gouverner et fondés à se mettre aussi sur les rangs, on se fera facilement une idée des intrigues, des tiraillements, des luttes qui se produiraient si l'on pouvait seulement entrevoir la possibilité d'un prince indigène.

« Les Roumains ont donc voulu rompre une bonne fois avec toutes ces ambitions, couper court à toutes ces prétentions, à toutes ces intrigues. Un prince étranger est un élément nouveau et pour ainsi dire neutre. Il a le prestige du nom et l'autorité que lui donne sa naissance et surtout sa parenté avec d'autres souverains. Il peut s'imposer à tout le monde, parce qu'il n'a été l'égal de personne. Il concilie toutes les ambitions et fait cesser toutes les rivalités, parce qu'il n'a pas brigué la haute position qu'il occupe, parce qu'il est le représentant d'une idée nationale et non d'un parti isolé. Etranger aux luttes des anciens partis, neutre parmi les combattants du passé, il n'aura ni direction, ni rivalité à venger, ni service rendu à récompenser. Ne devant rien aux partis, sans créatures, sans parents dans sa nouvelle patrie, un prince étranger débarrassera le pays du népotisme, il lui épargnera le retour de ces faveurs scandaleuses qui signalaient l'avènement de chaque nouveau règne.

« Qu'on demande même à chacun des prétendants indigènes, à chacun de ces hommes qui mettent leur intérêt privé au-dessus de l'intérêt général, lequel il aimerait mieux voir monter sur le trône, d'un prince étranger ou de l'un de ses rivaux ? Ils se prononceraient tous pour le prince étranger. Et la raison en est toute naturelle ;

aucun d'eux ne voudrait voir son égal de la veille devenir son maître du lendemain ; chacun aurait tout à espérer d'un prince étranger et tout à craindre, au contraire, d'un prince indigène, même en ce qui regarde ses intérêts privés. Quand deux combattants se disputent un objet, et qu'un tiers vient à emporter le prix de la lutte, les deux rivaux ne semblent-ils pas également satisfaits ?

« Un prince étranger peut donc mieux que tout autre, par sa position et par le prestige du nom, s'imposer à tous et avoir assez d'autorité pour fonder un gouvernement fort et durable. Or, c'est là la condition essentielle de l'existence d'un gouvernement monarchique héréditaire. Nous avons donc eu raison de dire que, pour les Roumains, la question d'un Prince étranger était une question d'ordre et de stabilité ».

Il y a, dans ce document, une observation politique et psychologique de premier ordre. Les Roumains qui, il y a quarante-huit ans, ont sauvé leur pays en y instaurant une monarchie héréditaire, ont compris admirablement à quelle condition cette monarchie pouvait vivre. Il fallait qu'elle se ressentît le moins possible de son origine élective. Il n'y avait personne que les organisateurs du coup d'Etat pussent présenter à la nation en lui disant : « Voici ton roi, ton roi par droit de naissance, par droit historique ». On se voyait donc obligé de faire tout au moins le simulacre de consulter le pays pour le choix d'un chef.

Permettre aux indigènes de briguer la place, c'était retomber dans les luttes, que l'on peut proprement appeler républicaines, et dont le pays se mourait. Que l'un des compétiteurs roumains arrivât à se faire élire, chacun des autres se serait dit : « Pourquoi lui, et pas moi ? A cause de son mérite ? J'ai autant de mérite que lui. A cause de l'ancienneté de sa famille ? Ma famille est aussi ancienne. Parce qu'il a su, avec plus d'habileté que moi, organiser son parti, faire des promesses, distribuer de l'argent, se créer de la popularité ? Eh bien, essayons d'être à mon tour plus habile que lui ». Et les luttes intestines eussent repris. Il n'y a pas à critiquer les Roumains là-dessus ; tout ceci est foncièrement humain.

Il n'en était plus de même dès lors qu'on proposait à l'élection un membre d'une dynastie étrangère. L'élection ne jouait plus alors qu'un rôle si secondaire, qu'elle ne pouvait avoir aucune répercussion sur l'avenir du gouvernement. Ici, en effet, il n'y avait plus de brigue électorale, plus de luttes des partis. Et à la question : « Qui t'a fait roi », celui qui serait élu dans ces conditions pouvait presque répondre : « Ma naissance ! »

Demander la greffe d'une dynastie à une des monarchies étrangères, c'était, en résumé, le seul moyen que les Roumains avaient pour remédier au manque chez eux d'une dynastie nationale. L'expérience a d'ailleurs prouvé que leur calcul était bon. Les premières années du nouveau gouvernement furent bien, il est vrai, orageuses. (On ne change pas les mœurs d'un pays du jour au lendemain). Mais la force et la vertu de la monarchie l'emportèrent finalement. Et le rameau étranger qui avait été transplanté en Roumanie n'a pas tardé à y prendre des racines profondes.

Avec le prince Charles de Hohenzollern, la Roumanie va enfin connaître les bienfaits du régime dynastique. Après des siècles de troubles intérieurs, elle va enfin, grâce au principe de l'hérédité qui ferme le trône à toutes les compétitions, trouver le chemin de l'ordre, du progrès et de l'indépendance. Les effets salutaires de la nouvelle monarchie ne se font du reste pas attendre longtemps. En 1878, Charles Ier de Hohenzollern délivre définitivement les Roumains du joug des Turcs. En 1881, il élève la Roumanie au rang de royaume.

La souveraineté élective avait livré la Roumanie aux troubles les plus funestes et aux pires malheurs, et avait failli la faire sombrer. La monarchie héréditaire l'a sauvée.

Chapitre II

UN ROI ET UNE CONSTITUTION

Si vous étudiez la Constitution politique de la Roumanie, vous y verrez que la monarchie roumaine est une monarchie parlementaire. Mais si, raisonnant logiquement, vous en déduisez que les ministres dépendent du Parlement, vous vous tromperez du tout au tout. En fait, les ministres ne dépendent pas des députés ou sénateurs. La Roumanie est un exemple frappant de la vérité de cette pensée de Joseph de Maistre que « toute constitution écrite est *nulle* ». Maistre entendait par là que ce qu'il y a de vivant et, par conséquent, d'appliqué dans une Constitution, ce n'est pas ce qu'on écrit *a priori* sur le papier, mais ce qui s'écrit lentement dans la pratique par les faits, par l'influence des forces politiques en présence, par la conspiration de mille agents.

La Constitution écrite de la Roumanie avait voulu faire du roi un roi dépendant des partis politiques, et qui règnerait et ne gouvernerait pas. Le roi, sans changer rien à ce qui était écrit sur le papier, par sa seule action, a écrit dans la pratique qu'il serait au-dessus de tous les partis, et que les ministres relèveraient non du parlement, mais de lui.

Quand le prince Charles de Hohenzollern monta sur le trône de Roumanie, en 1866, il jura devant l'Assemblée législative « d'être fidèle aux lois du pays et de gouverner en prince constitutionnel ». Or, cette Constitution à laquelle il venait de jurer fidélité allait lui susciter les plus cruels embarras. Il se trouva être en quelque sorte le jouet des partis politiques, alors très puissants. On aura une idée des difficultés de toutes sortes, auxquelles, par suite de la Constitution, le prince Charles se trouvait aux prises, par cette lettre que lui écrivait son père, en 1870 : « Ce serait battre l'eau en pure perte que vouloir continuer ce simulacre de gouvernement, établi sur une base aussi impossible... Le devoir vis-à-vis de soi-même et le respect d'un nom qui est lié si étroitement à la gloire, la puissance et la grandeur de l'Allemagne, commandent qu'on renonce à une situation qu'on n'est pas à même de maîtriser ou de dominer, ou que l'on ne consente à la poursuivre qu'à certaines conditions à réaliser dans le plus bref délai. En premier lieu : revision de la Constitution et, si l'on ne peut l'obtenir, résolution de renoncer et d'abdiquer, tout aussi bien motivée que l'était, il y a quatre ans, celle d'accepter [1] ».

Voici, d'autre part, ce que le prince Charles lui-même écrivait, cette même année 1870, à l'un de ses amis : « Il y a maintenant bientôt cinq ans que j'ai pris l'audacieuse résolution de me mettre à la tête de ce pays si richement doué par la nature d'une part, et cependant si pauvre, d'autre part. Si je jette un regard sur cet espace de temps, insignifiant dans la vie d'un peuple, mais

1. Je rappelle que les textes cités dans ce chapitre, comme dans le précédent, sont tirés des deux volumes indiqués page 13.

long dans l'existence d'un homme toujours sur la brèche, je dois avouer que je n'ai pu rendre que peu de services à ce beau pays ! Je me demande souvent à qui en est la faute... Par mes nombreux voyages dans toutes les régions des deux principautés et par des contacts multiples avec toutes les couches sociales, je crois être arrivé à la persuasion que le reproche n'atteint plus particulièrement ni moi, ni tout le peuple, mais bien plutôt ceux qui se sont institués eux-mêmes comme les directeurs de ce pays dans lequel ils sont nés. Ces gens, en effet, qui, pour la plupart, sont allés chercher toute leur culture intellectuelle et politique à l'étranger, ont, par suite, trop oublié les choses du pays et n'ont d'autre but que de transplanter dans leur patrie, présentées sous une forme utopique et sans expérience, les idées qui règnent là-bas et dont ils sont enthousiastes. Ainsi, ce malheureux pays, qui a toujours été placé sous le joug le plus dur, se trouve sans *transition passer d'un régime despotique à une* Constitution tellement libérale qu'aucun peuple ne possède sa pareille en Europe ».

Les difficultés créées par cette Constitution,

jointes à des manifestations francophiles, au moment de nos désastres, amenèrent le prince Charles à abdiquer, le 23 mars 1871. Etait-ce volonté véritable de renoncer au pouvoir, était-ce une sorte d'avertissement donnée aux chefs politiques ? Cette seconde hypothèse est plus probable. Toujours est-il que, sur les instances de plusieurs de ces chefs politiques, le prince Charles revint sur sa décision. Le 4 avril, il résumait ainsi par lettre ces récents événements à l'empereur d'Allemagne : « En présence de la situation difficile et surtout de la grande calamité financière, je devais pousser les choses à l'extrême pour secouer les bons éléments dans leur apathie. C'est pourquoi je convoquai la lieutenance princière, des mains de laquelle j'avais pris les rênes du gouvernement, en 1866, pour les lui remettre à nouveau. Effrayées par ce danger pressant, toutes les fractions conservatrices se sont réunies et ont constitué le nouveau ministère. Aujourd'hui, c'est une question d'honneur pour moi de soutenir de toutes mes forces les hommes qui sont résolus à préserver le pays de complications sérieuses, et de mener à bien avec eux les réformes nécessaires. Si ces réformes ne peuvent pas être réalisées, même avec de tels hommes, alors le pays est irrémédiablement perdu ».

Ainsi, en 1871, le prince Charles de Roumanie se trouvait acculé à abdiquer, parce que la Constitution le livrait aux partis politiques. Actuellement, combien la situation est changée ! Et pourquoi ? Rien que parce qu'il y a eu au-dessus des partis qui bataillaient et passaient, une volonté, celle du prince devenu roi, qui a duré.

Sur le papier, en effet, la Constitution n'a pas été modifiée (ou, du moins, elle n'a subi que des modifications très secondaires). Mais, en réalité, elle s'est transformée du tout au tout. Le roi régnait et ne gouvernait pas. A présent, il règne et gouverne.

Quelle est exactement la situation ? Actuellement il existe deux partis : les conservateurs et les libéraux. (Il s'est bien, ces dernières années, constitué un troisième parti, celui des conservateurs-démocrates, sous la direction de M. Take-Jonescu. Mais le roi a obligé ce troisième parti, qui dérangeait ses calculs, à fusionner avec l'un des deux autres, et la fusion s'est accomplie momentanément avec les conservateurs). Ces deux partis, libéraux et conservateurs, ne diffèrent guère de programme. C'est autour de chefs, non de programmes, que l'on se groupe.

Or, le roi appelle au pouvoir celui de ces deux partis qu'il veut. Pour cela, il n'a qu'à accorder à chaque nouveau ministère la dissolution de la Chambre et du Sénat. Chaque ministère invariablement opère des élections de sa nuance. La presque unanimité des sièges lui sont acquis ; (il est cependant d'usage d'en laisser un certain nombre, d'ailleurs très petit, à l'opposition). On voit donc qu'en fait, aucun ministère ne peut être renversé par le Parlement. C'est le Parlement, au contraire, qui dépend du ministère, puisque c'est le ministère qui, pratiquement, le fait nommer. Et quant au ministère, il dépend du roi, puisque, grâce au mécanisme de la dissolution et de nouvelles élections, le roi change le ministère chaque fois qu'il le juge opportun.

Je ne dis pas que cela soit là un régime politique idéal. On en aperçoit facilement les inconvénients. Pour pouvoir faire ainsi à coup sûr les élections dans la nuance de chaque ministère, il faut, chaque fois, changer préalablement un grand nombre de fonctionnaires parmi ceux qui sont en même temps agents électoraux. Même parmi les autres, il faut en remplacer beaucoup, car chaque parti politique a une clientèle qu'il importe de satisfaire. De plus, le parti qui est dans l'opposition n'a qu'une chance de revenir le plus vite possible au pouvoir, c'est de créer dans le pays une agitation qui rappelle au roi qu'il est temps de prendre un nouveau ministère. Cette agitation, — violences dans les journaux, réunions publiques, troubles dans la rue, — ordinairement de surface, peut quelquefois mal tourner (témoin, une violente jacquerie de paysans, en 1907). Mais, enfin, tout cela, c'est encore le moindre mal, étant donné que la Constitution livrait la Roumanie à la guerre des partis. Malgré la Constitution, par le système que j'ai indiqué, le roi a réussi à prendre en mains tout ce qui concerne les grands intérêts nationaux. « N'ayant pu, — écrit un historien roumain, M. A. Sturdza, — faire modifier cette Constitution qu'il considérait à juste titre comme fatale au pays, il domina les partis en accordant la dissolution à ceux qu'il voulait conserver au pouvoir. Il rétablit ainsi l'équilibre et, bien que plus lentement, fit réaliser les réformes qu'il croyait nécessaires sans avoir besoin de recourir à un coup d'Etat... Il mit de l'ordre là où, si longtemps, avait régné le désordre, et on sentit qu'il y avait, au-dessus des partis, toujours aussi turbulents que par le passé, — (car l'agitation qui existait autrefois parmi les boyards n'avait pas pris fin avec la disparition de cette caste de privilégiés, elle s'était simplement transformée ; au lieu de se disputer le trône placé trop haut maintenant, les nouvelles classes dirigeantes se disputaient les portefeuilles ministériels et les hautes fonctions), — on sentit qu'il y avait une pensée, une volonté, quelque chose de permanent, de persévérant. C'est à cette pensée et à cette volonté que sont dues les grandes choses qui furent faites depuis 1866 [1] ».

1. *La Terre et la Race roumaines depuis leurs origines jusqu'à nos jours.*

Chapitre III

LA QUESTION JUIVE

Une des raisons, nous l'avons dit, qui avaient fait hésiter le roi de Prusse à autoriser un Hohenzollern à accepter le trône de Roumanie, c'est que la Roumanie en 1866 se trouvait encore sous la vassalité de la Turquie. Si cette raison n'avait pas fait reculer le prince Charles, c'est qu'il pensait bien devoir émanciper le pays qui lui confiait ses destinées. Et ce fut, en effet, un des résultats de la guerre de 1877. En aidant la Russie à triompher des Turcs, la Roumanie a conquis, sur le champ de bataille de Plevna, son indépendance. Cette indépendance a été consacrée par le traité signé à Berlin, entre l'Angleterre, l'Allemagne, l'Autriche-Hongrie, la France, l'Italie, la Russie et la Turquie, le 13 Juillet 1878.

Ce traité imposait à la Roumanie, comme condition à la reconnaissance de son indépendance, le respect de la clause suivante : « La distinction des croyances religieuses et des confessions ne pourra être opposée à personne comme un motif d'exclusion ou d'incapacité en ce qui concerne la jouissance des droits civils et politiques, l'admission aux emplois publics, fonctions et honneurs, ou l'exercice des différentes professions et industries dans quelque localité que ce soit ». Ceci visait à préserver les Juifs de tout statut spécial. C'était jeter la Roumanie dans les plus graves difficultés. Comment les a-t-elle résolues ? C'est ce qu'il est intéressant de noter.

Jusque vers le milieu du XIXe siècle, il n'y avait pour ainsi dire pas de question juive en Roumanie, car il s'y trouvait peu de Juifs. Tout le commerce était entre les mains des Arméniens et des Grecs. Mais à partir de 1840 environ, pour des raisons qu'il est inutile et qu'il serait trop long d'expliquer ici, il se fit dans les deux principautés de Valachie et de Moldavie — et plus particulièrement de Moldavie — une infiltration de plus en plus grande de Juifs venus de Russie et de Galicie. Et actuellement, sur une population de six à sept millions de Roumains, il y a entre trois et quatre cent mille Juifs. Il faut remarquer, de plus, que les Juifs, sauf de rares exceptions, n'habitent en Roumanie que les villes, et que celles-ci ne comptent que huit cent mille habitants, dont il convient de défalquer cent mille étrangers de toutes nationalités. C'est donc environ contre quatre cent mille Roumains des villes qu'il y a de trois à quatre cent mille Juifs, ce qui fait la proportion formidable de quarante à cinquante pour cent. C'est ainsi qu'à Jassy, capitale de la Moldavie, d'après une statistique de 1899, il n'existe que 35.539 chrétiens contre 39.443 Juifs. On comprend dans ces conditions à quel péril la nationalité roumaine est exposée, et que donner aux Juifs la qualité de citoyen roumain, avec toutes ses prérogatives civiles et politiques, ne serait rien moins que leur livrer complètement ce pays. Et pourtant, c'est ce que l'Europe — spécialement la France et l'Angleterre — a cherché à imposer aux Roumains au congrès de Berlin de 1878.

***

En 1878, la condition des Juifs en Roumanie était la suivante. Ils étaient réputés étrangers et dans l'impossibilité d'obtenir la qualité de Roumain. L'article 7 de la constitution de 1866 décrétait, en effet : « Les étrangers de rite chrétien peuvent seuls obtenir la naturalisation ». Il y a d'autre part, en Roumanie une question capitale : c'est celle de la possession des biens ruraux, qui forment la principale richesse du pays. Or ces biens se trouvent, en grande partie, grevés d'hypothèques au profit des Juifs. Si ceux-ci étaient admis à la possession de ces biens, presque toute la terre roumaine passerait à bref délai entre leurs mains. Aussi, avant 1878, la Roumanie avait-elle décrété que pour posséder des biens ruraux, comme pour être naturalisé, il fallait de toute nécessité être chrétien.

C'est dans ces conditions que la Roumanie se présenta au congrès de Berlin pour réclamer des puissances la reconnaissance de son indépendance vis-à-vis de la Turquie, indépendance qu'elle venait de conquérir glorieusement au cours de la guerre russo-turque.

Comment la Roumanie fut traitée à ce congrès, il faut le lire dans la *France juive* de Drumont, où ce point d'histoire se trouve admirablement exposé. « Les Juifs, écrit Drumont, étaient les vrais vainqueurs du seize mai, et l'occasion se présenta bientôt pour eux de montrer qu'ils étaient les maîtres chez nous ». Cette occasion, c'est le congrès de Berlin. Tandis qu'à ce congrès chaque grande puissance réclame et obtient un avantage important, la Russie mettant la main sur la Bessarabie, l'Autriche-Hongrie sur la Bosnie-Herzégovine, l'Angleterre sur Chypre, que réclame la France par la voix de son représentant, le protestant Waddington ? « Pour la France, Waddington ne réclamait qu'une chose... l'émancipation des Juifs de Roumanie ».

Cela peut paraître fabuleux, et c'est pourtant la vérité historique. Les faits, les documents sont patents, et ils montrent à quel point les Juifs étaient alors déjà maîtres chez nous.

Donc, sur l'initiative de Waddington, le congrès, à l'exclusion de la Russie, qui prit sur ce point spécial la défense de la Roumanie, mit comme condition à la reconnaissance de l'indépendance de ce pays, sa soumission à la clause, que j'ai transcrite plus haut, visant à interdire tout statut spécial pour les Juifs. C'était leur livrer la Roumanie. Aussi les Juifs triomphaient et dans l'*Alliance Israélite*, Crémieux pouvait s'écrier: « Ma foi est grande devant notre situation d'aujourd'hui si belle ! Ah ! laissez-moi reporter tout cela à la conduite si noble, si loyale et si pure qu'a tenue à Berlin notre ministre des Affaires étrangères, notre Waddington ». Et à un homme d'Etat roumain envoyé auprès du gouvernement français pour lui représenter la situation désastreuse où une telle clause précipitait la Roumanie, Gambetta répondait : « J'engage votre gouvernement à s'exécuter ; la France ne reconnaîtra pas l'indépendance de votre pays sans que vous ayez reconnu les droits civils à tous les Juifs sans distinction. M. Crémieux y tient. M. Waddington a pris au congrès de Berlin l'initiative de cette question, il y va de l'honneur de la France de ne pas la laisser éluder. Moi-même j'ai donné ma parole à Crémieux de l'appuyer ; ainsi je ne peux encore une fois que vous engager à remplir sans délais vos engagements ».

La Roumanie dut s'exécuter. Or comment s'est-elle tirée de ce mauvais pas où risquait de sombrer sa nationalité ? Par quelques expédients que voici :

D'abord, pour ce qui regarde la naturalisation. Comme je l'ai dit, antérieurement, pour pouvoir acquérir la qualité de Roumain, il fallait être chrétien. Le congrès de Berlin mettait forcément fin à cet état de choses puisqu'il interdisait à la Roumanie de faire aucune distinction de cette sorte. Celle-ci n'avait donc plus qu'une ressource: rendre la naturalisation aussi difficile que possible. C'est ce qu'elle a fait. Le nouvel article 7 décrète: « La naturalisation ne peut s'accorder que par une loi et individuellement ». Et en fait, bien peu de Juifs ont réussi, depuis 1878, à passer à travers cette maille serrée, et à obtenir du parlement la qualité de roumain.

Autre question : celle de la possession de biens ruraux, question, comme je l'ai exposé, capitale pour la Roumanie. Encore ici, le congrès de Berlin interdisait aucune distinction entre chrétiens et non chrétiens. Il ne restait plus qu'un expédient : distinguer entre Roumains et étrangers. C'est ce que fait le nouvel article 7, qui décrète : « Seuls les Roumains peuvent acquérir des immeubles ruraux en Roumanie ». Qu'on le comprenne bien : cet ostracisme envers les étrangers ne vise pas les étrangers. Il vise les Juifs, les Juifs que le congrès de Berlin ne permettait plus d'atteindre qu'à travers leur qualité d'étrangers.

Enfin dernière question : celle du service militaire. Laisser les Juifs exempts de tout service c'était les avantager dans les métiers ou carrières où ils se trouveraient en concurrence avec des Roumains. C'était de plus une faveur qui risquait d'attirer en Roumanie une masse de Juifs des pays limitrophes. Mais comment imposer aux Juifs le service militaire tout en respectant — dans sa lettre sinon dans son esprit — le traité de Berlin qui défend de leur appliquer aucun statut spécial ? L'article 2 de « la loi organique de l'armée » a résolu la question. Cet article décrète que « les fils d'étrangers, nés dans le pays, ne peuvent être exemptés du service militaire que s'ils prouvent avoir rempli cette obligation dans un autre pays ».

Les juifs n'ont pas désespéré d'imposer aux Roumains la révision de l'article 7 de la Constitution qui pratiquement les empêche d'acquérir en masse la nationalité roumaine. Pour cela, au moyen de la presse juive ou enjuivée de tous les pays, ils tâchent périodiquement d'ameuter l'opinion contre la Roumanie, en faisant croire à une persécution des Juifs. Par tous les moyens ils font agir les gouvernements sur lesquels ils ont prise ou qui sont à eux. On n'a pas oublié, par exemple, l'intervention de Roosevelt il y a quelques années. Dernièrement M. Clemenceau prêchait à son tour en faveur des Juifs Roumains. (*L'Homme Libre* du 16 juin 1913). Comme son article résume assez bien ce que les Juifs colportent sur cette question, je crois utile de l'analyser.

Parlant des Roumains, M. Clemenceau écrit : « Le préjugé antisémite me paraît être porté chez eux à son dernier degré d'achèvement. Cela se peut expliquer, à la rigueur, par le fait que chez des populations conquises, la religion est la digue suprême qui défend ce qu'il reste de nationalité contre l'absorption du vaincu ». M. Clemenceau cherche évidemment ici à embrouiller les questions de race et les questions de religion. Je puis assurer que la question de religion n'a rien à faire avec les mesures prises par les Roumains pour se défendre des Juifs. Les Roumains ne disent pas : « Les Juifs ne sont pas de notre religion », ils disent : « Les Juifs ne sont pas de notre race, ils ne sont pas de notre pays, ils n'ont pas nos mœurs ; nous ne voulons pas qu'ils commandent chez nous ».

M. Clemenceau écrit : « Je pense qu'il ne suffit pas d'assimiler un peuple à un fléau pour être admis à le priver de tous droits ». De tous droits, c'est beaucoup dire. Les Juifs n'ont pas de droits politiques. C'est certain, et, s'ils en avaient, ils seraient demain, je le répète, les maîtres du pays. Ils n'ont pas le droit — pas plus qu'aucun autre étranger — d'acquérir des biens ruraux. S'ils avaient ce droit, grâce aux hypothèques qu'ils ont entre les mains, ils seraient bien vite propriétaires de la majorité des terres. Les paysans seraient dans leur dépendance. Etre dans la dépendance de propriétaires juifs ! Les paysans verraient ce que c'est. D'ailleurs, ils le savent déjà. La révolte paysanne de 1907, si elle a gagné une partie de la Roumanie, c'est contre des fermiers juifs de Moldavie qu'elle a commencé. Les paysans se sont révoltés contre eux, non parce qu'ils étaient juifs, mais parce qu'ils abusaient de la situation. Protéger plusieurs millions de paysans contre quelques milliers de juifs, ce n'est sans doute pas de la *démocratie*. Mais c'est de la *démophilie*, ce qui est, il me semble, préférable.

Droits politiques, droit d'acquérir des biens ruraux, voilà donc ce qui manque sans doute aux juifs. Mais ils possèdent un droit, à leurs yeux, capital, le droit qui leur tient le plus à cœur : celui de faire fortune. Et je puis assurer qu'à ce point de vue, la Roumanie leur est un pays hospitalier. Presque toutes les affaires : banques, journaux, fermages, entreprises ou industries de toutes sortes sont entre leurs mains. La Roumanie a en somme suivi le conseil donné par Bonald (je cite de mémoire) : « Peuples chrétiens, vous pouvez vous laisser tromper par les juifs, mais il n'est pas de votre honneur de vous laisser gouverner par eux ».

Aussi M. Clemenceau se trompe lourdement quand il déclare que « l'accès de toutes les carrières, de toutes les professions, de tous les métiers » leur est interdit. Certes, ils n'occupent pas toutes les avenues du pouvoir comme en France. Mais ils occupent presque toutes les avenues qui mènent à de riches gains pécuniaires. Un petit nombre de métiers leur sont pourtant interdits. Encore de la *démophilie*, n'en déplaise à M. Clemenceau. Ils ne peuvent pas, par exemple, être cabaretiers et usuriers dans les villages. C'est qu'après expérience, on a constaté qu'il était préférable de laisser ce métier aux Roumains ; qu'ils s'entendaient moins bien que les juifs à empoisonner d'alcool et à tondre le paysan.

Là où M. Clemenceau encore fait erreur, c'est quand il prétend qu'en Roumanie, toutes les lois qui parlent des étrangers visent les juifs. D'après son article, je crois comprendre que M. Clemenceau pense notamment à la loi qui limite la main-d'œuvre étrangère qu'on a la permission d'employer dans les industries. Une telle loi ne gêne en rien les juifs, car ils ne sont pas portés vers les travaux manuels.

D'ailleurs, cette loi ne les vise nullement. Voici, en effet, sa raison d'être. L'industrie en Roumanie est encore à ses débuts. Quand on construit une fabrique quelconque, on est donc enclin à faire venir des ouvriers étrangers, déjà exercés dans l'industrie que l'on entreprend. Les lois roumaines font, pendant quelques années, des avantages à toute nouvelle industrie. Mais elles déclarent : « En revanche, vous n'emploierez pas plus d'un certain nombre d'ouvriers étrangers ». On ne peut qu'applaudir à un pays qui protège ainsi ses nationaux et sa nationalité. M. Clemenceau taxe cela de « monstruosité ». Alors, je demande à M. Clemenceau comment il taxe l'obligation où sont des milliers de citoyens de s'exiler de leur pays, parce qu'on leur interdit chez eux de prier en commun, suivant le rite de leur religion. Voilà la « monstruosité ». Et dans quel pays cette monstruosité se voit-elle ? Est-ce en Roumanie, ou dans les pays où les Clemenceau gouvernent pour le plus grand profit des juifs ?

Chapitre IV

LE CONFLIT ROUMANO-BULGARE

Le traité de Berlin mettait une autre condition à la reconnaissance de l'indépendance de la Roumanie, c'est que la Roumanie céderait à la Russie une de ses plus belles provinces, comprise entre le Dniester et le Pruth, la Bessarabie. On comprendra facilement, si je résume cette affaire, que là est l'origine du conflit roumano-bulgare de 1913, qui, engagé diplomatiquement dans les premiers mois de l'année, a abouti en juillet à une démonstration militaire.

Jusqu'en 1878, la Roumanie se trouvait délimitée au sud et à l'est par le cours du Danube. Le traité de Berlin fit passer la Roumanie sur la rive droite de ce fleuve à partir de Silistrie, et lui donna comme frontière la mer Noire.

Si on consulte la carte, on voit que depuis son entrée en Roumanie, aux « Portes de fer », jusqu'à Silistrie, le Danube garde une orientation générale ouest-est. Tout à coup, à hauteur de Silistrie, au lieu de se jeter directement dans la mer Noire, qui n'est plus distante que d'une centaine de kilomètres, le Danube fait un crochet vers le nord et coule parallèlement à la mer pendant environ deux cents kilomètres avant de reprendre son orientation première. Il laisse ainsi entre lui et la mer Noire, depuis Silistrie jusqu'à son embouchure, une bande de terre, et c'est ce territoire qui porte le nom de Dobroudja. C'est la Dobroudja que le traité de Berlin enleva à la Turquie pour donner à la Roumanie.

Ceci n'était pas véritablement un don qui était fait à la Roumanie. C'était un échange qu'on lui imposait.

Au nord de l'embouchure du Danube, entre le Dniester et le Pruth, la Roumanie possédait, en effet, jusqu'en 1878, une riche province, la Bessarabie. Cette province lui avait été enlevée, une première fois, en 1812, par la Russie. Mais le traité de Paris de 1856 avait obligé la Russie à rétrocéder la plus grande partie de la Bessarabie à la principauté roumaine de Moldavie. Les grandes puissances avaient voulu surtout par là arracher à la Russie l'embouchure du Danube afin de rendre plus libre la navigation de ce fleuve. Ce delta fut d'ailleurs, lui-même, un an après, remis à la Turquie qu'on pensait plus en mesure que la Moldavie d'exécuter les travaux nécessaires contre l'ensablement.

Or, par le traité de Berlin, c'est toute cette partie de la Bessarabie rétrocédée en 1856, que la Russie reprenait à la Roumanie, laquelle venait pourtant de combattre à ses côtés contre les Turcs. Il est vrai qu'en échange de la Bessarabie qu'elle lui enlevait, la Russie faisait reconnaître à la Roumanie le territoire turc de la Dobroudja, et elle prétendait que c'était là pour son alliée, non seulement une compensation suffisante, mais même un échange avantageux. « Nous augmentons, — déclarait le prince Gortchakoff, représentant de la Russie au traité de Berlin, — le territoire de la Roumanie de 3.500 kilomètres carrés en étendue, de 80.000 âmes comme population, comparativement à ce qu'elle aura à nous céder ;

nous lui assurons, en outre, le delta du Danube que l'Europe lui a enlevé en 1857, et enfin un bon port de commerce (Constantza) sur la mer Noire ».

Mais que cet échange fut avantageux pour elle, cela n'a pas été l'avis de la Roumanie. Les délégués roumains au traité de Berlin, s'élevèrent d'abord avec force contre le rapt de la Bessarabie. « Dès son entrée en campagne, écrivaient-ils dans leur memorandum, la Russie a signé avec la Roumanie une convention par laquelle elle a expressément garanti *l'intégrité actuelle du territoire roumain*. Cette garantie avait été demandée et accordée quand il ne s'agissait encore que du passage des armées impériales par la Roumanie. Il semblait qu'elle dût redoubler d'énergie du jour où, sur l'appel de la Russie même, le concours de la nation roumaine devenait plus positif et se transformait en coopération militaire effective, en complète alliance. Nos troupes ont, en effet, combattu côte à côte avec les armées russes. Si ce n'est pas là un titre pour nous agrandir, ce n'en est certes pas un pour nous diminuer... »

Quant à la Dobroudja, la Roumanie faisait valoir que c'était un territoire inculte et sauvage, où il y avait tout à faire : « Ouverture des grandes voies de communication : assainissement et colonisation du pays ; formation de villages ; création d'un bon port à Constantza ; établissement d'un pont sur le Danube, etc., etc. ». Ce sont de lourdes charges pour le pays, écrivait en 1883 le prince Georges Bibesco[1] : « La Roumanie les supporterait encore avec courage, si elle pouvait se mettre à l'œuvre avec sécurité, si elle possédait la garantie que ces sacrifices dussent lui profiter, et qu'après avoir fait de la Dobroudja un pays sain et prospère, on ne l'en dépossèdera pas ». Mais cette garantie, ajoutait le prince Bibesco, lui a été refusée.

Qu'entendait-il par là ? Il entendait que le traité de Berlin n'avait pas donné à la Roumanie, dans la Dobroudja, une frontière qui pût être défendue contre les armées bulgares.

1. Histoire d'une frontière : *La Roumanie sur la rive droite du Danube.*

***

Cette frontière avait son point de départ sur le Danube, à 800 mètres à l'est de Silistrie, et aboutissait, sur la mer Noire, à quelques kilomètres au sud de Mangalia.

Or, la Roumanie avait toujours déclaré tout d'abord qu'elle ne pourrait avoir aucune sécurité tant que Silistrie serait entre les mains des Bulgares. J'ai dit que ce n'était pas là une question nouvelle entre les deux pays. Elle avait été, en effet, déjà débattue au traité de Berlin. La plupart des Puissances s'étaient même montrées assez disposées à céder Silistrie à la Roumanie. Les représentants de France et d'Italie, notamment, avaient développé des vues en ce sens. C'est la Russie qui mit son veto à ce projet.

Or, écrivait le prince Bibesco, « la Dobroudja n'était acceptable qu'avec Silistrie et ses positions, parce qu'elle n'est possible à défendre et à conserver que dans cette condition. Telle était l'opinion d'un juge assurément bien compétent, l'empereur Nicolas, qui l'a exprimée en ces quelques mots : « Silistrie est la clef de la Dobroudja ».

Je sais bien que l'article 52 du traité de Berlin déclarait « qu'afin d'accroître les garanties assurées à la liberté de la navigation sur le Danube », toutes les forteresses et fortifications qui se trouvent sur le parcours du fleuve depuis les Portes de Fer jusqu'à ses embouchures devraient être rasées et qu'il n'en serait pas élevé de nouvelles. Mais en fait, on ne toucha pas aux fortifications de Silistrie. Elles restèrent ce qu'elles étaient avant 1878. Certes, elles étaient sans doute délabrées. Mais telles qu'elles étaient, la Roumanie n'avait rien de semblable à opposer dans la Dobroudja. Elle n'y avait, en résumé, aucun point d'appui.

Ce point d'appui, elle se trouvait obligée d'aller le chercher par delà le Danube. Or, un seul pont relie les deux rives : le pont du chemin de fer de Bucarest à Constantza. Ce pont se trouve à cinquante kilomètres de Silistrie.

Il n'est pas défendu, l'article 52 du traité de Berlin, dont nous venons de parler, empêchant la construction d'aucun ouvrage militaire. Il pouvait donc être enlevé en un coup de main par les troupes bulgares casernées à Silistrie. Le pont, une fois enlevé, toute communication était coupée entre la Dobroudja et le reste de la Roumanie. On se rendra compte, en effet, de la difficulté pour une armée de traverser le Danube dans cette partie de son cours, lorsqu'on saura que le pont en question mesure, dans toute son étendue (pont sur un affluent, la Bolcea, terre-plein sur des marais, pont sur le Danube), 18 kilomètres de long. C'est l'ouvrage de ce genre le plus important en Europe.

On comprend ainsi la nécessité qu'il y avait pour la Roumanie à posséder Silistrie. Mais Silistrie n'était pas la seule question. La frontière qui partait de Silistrie et aboutissait à la mer Noire suivait un tracé qui n'offrait aucune défense naturelle. Ainsi l'a voulu la Russie au traité de Berlin. Il ne s'agit pas de donner à la Roumanie « une ligne stratégique », avait-elle déclarée. La Dobroudja touche au nord à la Russie, au sud à la Bulgarie. En refusant à la Roumanie, pour sa frontière, une ligne stratégique, on peut penser que la Russie avait voulu conserver un passage libre entre son territoire et les pays balkaniques.

Ceci mettait la Dobroudja à la merci des Bulgares, déclaraient les Roumains. Et c'est pourquoi ils demandaient que la frontière fût portée plus au sud, jusqu'à une région qui offrît une mise en défense plus facile.

Par son action diplomatique la Roumanie a obtenu Silistrie à la conférence de Saint-Pétersbourg (9 mai 1913). Par son action militaire elle a imposé la rectification de frontière qu'elle réclamait entre Silistrie et la mer Noire. (Traité de Bucarest du 6 août 1913).

Chapitre V

LA MOBILISATION

Je me trouvais en Roumanie lors de la mobilisation de Juillet 1913. Mais je dirai tout de suite que je n'ai rien recueilli d'intéressant à rapporter au point de vue militaire, l'armée roumaine ayant été rapidement concentrée, hors de ma vue, le long du Danube, et une partie ayant même passé en Bulgarie.

Cette armée était forte d'environ 480 mille hommes. Treize contingents avaient été appelés, c'est-à-dire que l'armée comprenait les soldats de 20 à 33 ans, ou plus exactement une partie de ces soldats. L'appel des réserves ayant, en effet, donné plus de six cent mille hommes, on n'avait pas eu de quoi les armer tous, et on avait dû en renvoyer dans les cent vingt mille.

Tel quel — 480 mille hommes — c'est déjà un beau chiffre, et qui vous laisse rêveur. Voilà donc à quoi aboutit notre siècle soi-disant pacifiste. Une nation de sept millions d'habitants met sur pied de guerre, en dix jours, une armée qui surpasse de beaucoup celles que, jusqu'à ces dernières années, les grandes puissances auraient été capables de mobiliser. Je parle d'une armée de soldats exercés. En 1870, par exemple, c'est à peine si la France a pu réunir 250 mille hommes de cette catégorie. Le reste n'a été que milice.

Le Danube a été passé par l'armée roumaine exactement le douzième jour de la mobilisation. Il le fut en deux points, à Turnu Magurele et à Corabia. Des ponts y furent jetés par le génie, en sept heures. C'est sans doute un record, le Danube ayant, à ces endroits de son parcours, environ douze cents mètres de large.

La mobilisation avait été décidée par le Roi, en conseil des ministres. Quant au Parlement, on a négligé de lui demander son avis. Les troupes roumaines avaient déjà franchi le Danube, quand les Chambres furent convoquées pour la première fois. Elles siégèrent une séance, le temps de voter trois ou quatre lois d'ordre relativement secondaire (crédits nécessaires à la mobilisation, d'ailleurs déjà alors fortement engagés, secours à accorder à certaines familles, autorisation de décréter l'état de siège partout où il serait nécessaire, etc.), puis députés et sénateurs se séparèrent. Ceux qui étaient officiers de réserve rejoignirent leur régiment... Qu'en diront les théoriciens du libéralisme qui annonçaient que le régime des Assemblées ne ferait que gagner en prestige et en autorité à travers le monde ?

L'armée se trouvant hors de mon champ d'étude possible, je portai mon regard sur les travaux de la paix. Quelle répercussion avait sur eux l'état de guerre ? Au mois de juillet, en Roumanie, pays essentiellement agricole, le travail principal, le travail capital, c'est la moisson. Or, mobilisation et moisson cela ne va guère ensemble. Ou du moins, je le pensais. Près de cinq cent mille hommes mobilisés sur sept millions d'habitants, et presque tous travailleurs des champs, car les paysans représentent la grosse majorité de la population. Je m'imaginais la récolte bien compromise, sinon perdue. Il n'en était rien. La récolte se fit, avec certes quelques difficultés, mais enfin elle se fit.

Je voulus m'en rendre compte par moi-même, et je partis visiter une propriété que je choisis d'une certaine importance : cinq mille hectares ; c'est une dimension assez courante en Roumanie. Et c'est évidemment sur les propriétés de cette importance que la récolte devait se faire le plus difficilement.

Pour aller à la campagne, il fallait prendre le train et c'est là ce qu'il y avait de moins agréable dans ma tournée. Pendant tout le temps de la mobilisation on n'avait laissé pour les voyageurs civils qu'un seul train par jour dans chaque direction, et quel petit train ! On peut penser si les places étaient prises d'assaut. Ceux qui trouvaient à se caser à l'intérieur des wagons, ce sont ceux qui allaient les rejoindre sur la voie de garage, deux heures avant le départ. Quand on n'était en avance que de trois quarts d'heure, comme je le fus, en comprimant avec force les voyageurs, on trouvait encore à se faufiler dans le couloir. Impossible d'ailleurs de s'asseoir pendant tout le trajet, même par terre ; on était beaucoup trop serré pour cela. Quand il n'y avait plus de compression possible dans le couloir, alors on s'asseyait extérieurement sur les marchepieds, on montait sur le toit des wagons. C'était peut-être là où l'on était encore le mieux, pour ceux qui ne craignaient pas les accidents.

A la gare d'arrivée, on m'attend avec une voiture et deux juments qui ont chacune quatre pattes. Je m'étonne, car, tout ce qu'il y a de chevaux dans le pays a été pris par la réquisition. Comment ces juments ont-elles échappé ? « Si la comparaison n'était pas irrévérencieuse, m'est-il répondu, on pourrait dire : par la même raison qui vous sauvait de l'échafaud en 93. Elles avaient des projets de maternité ». J'aperçois, en effet, deux tout jeunes poulains qui gambadent auprès de la voiture, et entravent la marche. Mais, à ce qu'il paraît, les juments se refusent à sortir sans leurs petits. Je m'incline devant un sentiment si respectable.

Sur les routes qui courent à travers champs, et qui sont de simples pistes tracées par les voitures, on enfonce dans la boue jusqu'au moyeu. Et quelle boue collante ! La terre est presque de la terre glaise. Quand je lisais, à la fin de l'automne 1912, que les opérations militaires dans les Balkans étaient entravées par l'état des chemins, je ne m'étonnais guère. Dans la même saison, à l'endroit où ma voiture roule en ce moment, j'ai vu de mes yeux l'impossibilité où l'on était de rentrer la récolte de maïs, moins pesante pourtant que de l'artillerie. Elle était à dix kilomètres de ses greniers. Pendant trois mois, jusqu'au premier gel, impossibilité absolue de faire franchir à des voitures chargées ce court trajet.

Cette fois-ci, nous sommes en été. Malgré la boue, on peut rouler. Tous les champs de blé que je traverse sont déjà, à ma vive surprise, complètement moissonnés. Mon compagnon aurait-il été épargné par la réquisition ? Non, son village a fourni un contingent normal : 260 soldats. Or, ce village comprend huit cents familles, ce qui, à quatre personnes en moyenne par famille, fait 3.200 habitants. Je fais le calcul que 260 sont à 3.200, comme cinq cent mille sont à sept millions. Non, mon compagnon ne s'est pas trouvé favorisé : s'il a pu moissonner, on a donc pu également moissonner presque partout ailleurs.

Cependant, il a fallu se donner du mal. Déjà, en temps ordinaire, sur ces grands espaces, la moisson est, en effet, difficile. L'été est très chaud en Roumanie. Quand les céréales sont mûres, elles dépassent en un court temps leur point de maturité, et l'épi s'égrène. Il faut donc procéder à la coupe rapidement. Tout le monde s'y met : hommes, femmes, enfants, vieillards. Cette fois-ci, les plus robustes des travailleurs auront manqué. Cependant, chacun a fait un effort et l'on viendra à bout de la besogne.

« Heureusement, me dit mon interlocuteur, que l'on ne m'a réquisitionné qu'une faible partie de mes bœufs. Or, c'est avec les bœufs qu'on travaille ici. Par contre, presque tous mes chevaux sont partis, vingt-trois sur vingt-cinq. Mais ceci, ce n'est qu'un embarras, ce n'est pas un désastre. Les chevaux ne servent qu'au transport des humains, des surveillants, notamment ». — « Et comment vous les a-t-on payés ? » — « Avec des bons qui me seront soldés plus tard. » — « A la valeur des chevaux ? » — « Ah ! non.

J'avais de beaux chevaux. Or, la réquisition ne connaît pas de cheval au-dessus de cinq cents francs. C'est son prix maximum. Tant pis si vous avez des chevaux qui valent plus. La différence est pour vous une contribution de guerre forcée ».

« Qu'est-ce qu'on a encore réquisitionné ? » — « Vingt vaches ». — « Pour le lait ? » — « Non, pour les tuer. Cela fera de la viande de choix ». J'avais oublié, en effet, que la viande de choix ici, c'est la viande de vache. On n'engraisse guère de bétail pour la boucherie, car ce n'est pas d'un bon rapport. Les pâturages naturels sont maigres, à cause des longues sécheresses. Quant aux pâturages artificiels, on leur préfère les céréales, la terre de Roumanie étant la meilleure terre à blé qui existe. De plus, la consommation de viande est relativement faible, et, d'autre part, l'exportation est rendue impossible par les entraves qu'y met le pays frontière, l'Autriche-Hongrie. Il en résulte que le bœuf que vous mangez est presque toujours un bœuf que l'on a mené à la boucherie, parce qu'il ne pouvait plus traîner la charrue. Dans ces conditions, mieux vaut manger de la vache, même de la vache trop vieille pour donner du lait. Aussi est-ce de la vache que, pour vous allécher, les menus des restaurants vous annoncent, même quand c'est du bœuf.

« Avez-vous souvent employé des Bulgares ? demandai-je à mon interlocuteur ». — « Oui, au moment des grands travaux, il en vient, chaque année, des milliers en Roumanie. Au contraire de la Roumanie, en Bulgarie, la terre est très divisée [1]. Les Bulgares qui cherchent du travail en trouvent donc plus facilement chez les grands propriétaires roumains que chez eux ». — « Eh ! bien, comment étaient ces Bulgares ? Des tigres furieux ? » — « Nullement, de bons travailleurs, et très respectueux de l'autorité ».

1. En novembre 1912, lors des victoires bulgares, il y avait une conversation que j'ai souvent entendue : « Ah ! en Bulgarie, ce n'est pas comme chez nous. Il n'y a pas de classe possédante. La terre est également divisée entre tous. Un peuple de paysans, qui n'a pas grand'chose à perdre, et ne recule donc pas devant la guerre. Voilà pourquoi il est le peuple de l'avenir dans les Balkans ». Conversation des mêmes, en juillet 1913 : « Voilà ce que c'est de n'avoir pas de classe possédante. On n'a pas de classe dirigeante. On fait des folies. Ah ! ce n'est pas comme chez nous..., etc... » C'est ce qu'on peut appeler de la sociologie de café, sociologie qui n'est pas moins superficielle partout ailleurs.

Alors, comment expliquer les massacres actuels ? Faut-il en incriminer les seuls « comitadjis ? » Ou bien cette civilisation n'avait-elle qu'une mince écorce qui a craqué sous l'action de ces derniers mois de misère ?

J'ai fini ma tournée. J'ai vu ce que je voulais voir. Je sais maintenant que lorsque, dans un pays de sept millions d'habitants on mobilise cinq cent mille hommes, la moisson s'opère quand même. Tirez de là toutes les conséquences que le fait comporte, en prenant garde que la moisson est plus essentielle en Roumanie qu'ailleurs, puisque l'agriculture forme la principale richesse du pays, l'industrie n'étant qu'à ses débuts.

Chapitre VI

LES PAYSANS

Les paysans roumains : ce sont eux qui ont imposé en juillet 1913 la paix dans les Balkans. Ce sont eux, en effet, qui formaient le gros de l'armée roumaine, la population de Roumanie étant en presque totalité une population agricole. Or, que valent ces paysans comme soldats ? Dans l'histoire, ils ont montré de la valeur. Au cours de la marche militaire de 1913 ils n'ont pas eu l'occasion de donner leur mesure. Mais si on considère la vie qu'ils mènent, on se dit qu'ils n'ont certes pas dû dégénérer.

Tout d'abord, le paysan roumain a cette qualité d'être sobre. La religion y est pour beaucoup, car elle l'oblige à des jeûnes fréquents. Or, cette prescription religieuse est très observée par le paysan, et tel qui ne va pas à l'église jeûnera pourtant une bonne moitié de l'année. De la farine de maïs et des haricots, c'est alors presque toute la nourriture. Pour boisson, l'eau du puits voisin.

Ce puits n'est jamais bien éloigné. Ils sont nombreux, en effet, les puits dans la plaine roumaine. C'est que les creuser est faire œuvre agréable au ciel. C'est se montrer charitable envers son prochain. Un paysan fore un puits dans le même sentiment religieux qu'un chevalier autrefois fondait un monastère. Il pense à son âme. Un trou de quelques mètres, — l'eau n'est pas bien loin, — des cercles de bois pour retenir la terre, un poteau avec une longue perche en bascule dessus ; à un bout, une corde et un seau, à l'autre une grosse pierre pour faire contre-poids, selon la formule antique usitée encore en Provence. C'est une centaine de francs à débourser. Moyennant quoi, on peut être certain d'avoir de bien des passants qui, dans cette plaine desséchée par le soleil torride de l'été, étancheront leur soif ou abreuveront leurs bœufs, cette petite prière : « Celui qui a fait ce puits, s'il vit encore, qu'il

« ait du bonheur ; s'il est mort, que son âme « repose en paix ! »

Toujours de la farine de maïs, ce n'est pas une nourriture bien fameuse. Il vaudrait mieux du froment. Mais le paysan roumain est habitué à son maïs. C'est la céréale qu'il cultive avec le plus d'amour. Et puis, à choisir, il trouve plus profitable de vendre son blé et garder pour lui le maïs. Blé et maïs ont, en effet, en moyenne, sensiblement le même rendement par hectare. Or, le prix moyen du blé était, ces dernières années, de treize francs l'hectolitre, celui du maïs, de huit francs. Le maïs représente donc une nourriture bien plus économique.

Bien qu'elle soit inférieure au point de vue qualité, elle n'empêche pas le paysan d'être un travailleur résistant. Cependant, pour bien travailler, il faut qu'il soit surveillé. Abandonné à son initiative, il a de l'indolence. La preuve en est que — toutes les statistiques nous l'apprennent — la production de la petite propriété paysanne est inférieure en rendement à la grande propriété. Un grand propriétaire arrive donc à faire mieux travailler ses milliers d'hectares par les paysans, que ces mêmes paysans ne travaillent pour leur propre compte, sur leurs deux ou trois hectares ! C'est anormal. Et ce n'est explicable que par le voisinage de l'Orient, avec son fatalisme, fatalisme qui est, de plus, encouragé par le climat, qui, extrême en tout, donne, s'il est favorable, beaucoup à celui qui a peu fait et, dans le cas contraire, détruit l'ouvrage de celui qui a pris beaucoup de peine. Là où le grand propriétaire fera deux labours, il n'est pas rare de voir le paysan se contenter d'un seul labour chez lui, et si vous vous étonnez : « Eh ! répond-il, si Dieu veut qu'il pleuve, j'aurai quand même une bonne récolte. S'il ne pleut pas, à quoi servira mon travail ? » Ce qui n'est d'ailleurs qu'à moitié vrai.

Sobres, travailleurs, surtout quand ils sont commandés, les paysans roumains sont, de plus, habitués, plus que d'autres, à la vie en plein air. Une propriété de milliers d'hectares a facilement une vingtaine de kilomètres de long. Là-dessus, ordinairement un seul village. Supposez que le travail soit à un bout de la propriété, impossible de reprendre chaque jour le chemin du logis. Ce serait trop de temps perdu. On campera donc — quelquefois des semaines — en plein champ. Et puis, voici tous ceux de la montagne qui, au moment de la moisson, descendent dans la plaine chercher du travail. Ceux-là restent absents de chez eux, de fin juin à fin octobre, c'est-à-dire jusqu'après la récolte du maïs. Pendant tout ce temps, ils ont pour toute habitation leur chariot, recouvert en berceau d'un paillasson. Et puis, voici les pâtres. Ceux-ci, c'est encore mieux. Pas plus que les brebis qu'ils conduisent, — les autres animaux sont rentrés l'hiver, — ils ne connaissent en aucune saison la douceur d'un toit. L'herbe est rare, il faut aller la chercher de ci, de là. Cela n'admet point la stabilité d'une habitation. Un âne pour porter le ménage, des grandes peaux de mouton pour s'envelopper la nuit, voilà tout ce que le pâtre possède. C'est une vie qui est rude avec le mauvais temps, mais qui a sa poésie dans la belle saison.

Il y a la contre-partie. Si le paysan travaille, et dans des conditions souvent dures, il a du repos. Ici encore, la religion intervient. Elle impose ses fêtes, et elles sont nombreuses. Je ne les ai pas comptées, mais quelqu'un que j'ai interrogé et qui s'y connaît me répond : « Calculez qu'il y en a presque autant que de semaines ». Avec les dimanches, cela ferait donc dans les cent journées de chômage. C'est un long repos, et il est observé. La superstition joue d'ailleurs souvent à cette occasion aussi son rôle. Au moment de la mobilisation tombait la Saint-Elie. La récolte courait alors quelques dangers. « Eh ! demandai-je, malgré la Saint-Elie et vu les circonstances, est-ce qu'on ne moissonnera pas demain ? » — « Travailler le jour de la Saint-Elie ! y pensez-vous ! » — « Pourquoi ? » — « Saint-Elie est le patron du tonnerre. Celui qui travaille ce jour-là est assuré d'être foudroyé dans l'année. »

Les superstitions sont nombreuses chez le paysan. Aussi toutes ses maladies ou celles de son bétail, il a tendance à les rapporter à un sort qu'on lui aurait jeté. Au médecin et au vétérinaire, il préfère donc la devineresse ou sorcière, une tzigane la plupart du temps.

Je ne saurais énumérer toutes les superstitions. Quelques exemples seulement.

Voici un petit fait dont je ne certifierai pas l'authenticité. Ce que je puis dire, c'est que je l'ai recueilli de quelqu'un qui prétendait le tenir de la reine actuelle, Carmen Sylva. L'histoire, telle qu'elle m'a été contée, rappelle notre moyen-âge.

Donc, il était une fois, pour garder les appartements de la reine, deux veilleurs de nuit. L'un des deux dépérissait. Carmen Sylva s'en aperçut et lui en demanda la cause. « Hélas ! je vais mourir. » — « Qu'as-tu donc ? » — « Mon camarade m'a jeté un sort. » — « Eh ! qu'est-ce qu'il a fait ? » — « Il a fait fondre un cierge tout juste de ma taille, il l'a allumé, et maintenant je m'éteins avec le cierge ».

La reine essaya de raisonner notre homme, de lui dire que c'était là croyance stupide, etc. Peine perdue. Alors elle entra dans la superstition. « Pourquoi ne te défends-tu pas ? Tu n'as qu'à allumer toi aussi un cierge ». — « Cela coûte cher. Je n'ai pas l'argent ». — « Combien ? » — « Vingt francs ». — « Tiens, les voici ».

A quelque temps de là, Carmen Sylva revit le

veilleur de nuit florissant et joyeux. « Eh bien ! te voilà bien portant. Tu vois que tout cela n'était que bêtise. » — « Oh ! que non. Seulement, le cierge de Votre Majesté a fait merveille... mon camarade est mort. »

Quant à l'autre petit fait que voici, je puis le garantir, car il n'y a entre lui et moi aucun intermédiaire. Je vis arriver, un printemps, un jeune garçon porteur d'une supplique de sa mère. Elle disait que son fils était malade de la poitrine, et que la *baba* (la devineresse) avait déclaré que pour guérir, il fallait qu'il tuât trois coucous. Elle suppliait qu'on lui donnât la permission de chasser dans les bois voisins.

La permission fut octroyée. Pendant un mois, chaque jour, notre jeune poitrinaire courut après ses coucous. Au bout de ce régime, il se portait naturellement mieux. Il partit, se croyant guéri.

Ici on aperçoit la raison de la prescription. La tzigane n'avait pas prescrit autre chose que font les médecins pour un tel cas : beaucoup de bon air. Seulement, la sage *baba* s'y était prise de manière originale et propre à frapper l'imagination, ce qui centuplait la vertu du remède. Mais pourquoi des coucous ? Parce que c'est l'oiseau le plus fuyard. Tels autres volatiles, notre malade les eût tués en un jour. Pour ses trois coucous, il lui a fallu trotter un mois.

Il y avait, il y a une vingtaine d'années, à Paris, un docteur nommé Grouby, qui a fait de très belles cures et qui ne soignait pas autrement ses clients : une ordonnance bizarre, souvent d'apparence stupide, et qui cachait une règle d'hygiène vulgaire.

J'ai dit que le paysan travaille sa terre ordinairement assez superficiellement. C'est qu'aussi cette terre est fertile. On aura idée de cette fertilité lorsque j'aurai dit qu'en Roumanie on n'emploie ni fumier, ni engrais d'aucune sorte. La terre est très riche par elle-même. Elle est de plus cultivée depuis relativement peu de temps. Deux raisons pour qu'elle n'ait pas besoin d'être engraissée. Heureusement, car s'il fallait se payer de l'engrais, la culture des céréales ne serait plus rémunératrice, vu leur prix sur place. Un quintal de blé, par exemple, vaut ordinairement une dizaine de francs de moins qu'en France. Vous n'avez d'ailleurs aucun avantage à venir le vendre en France. Prenez, en effet, votre quintal, payez le voyage, payez sept francs de droit de douane, voilà les dix francs de différence absorbés.

Donc l'engraissage de la terre est chose à peu près inconnue en Roumanie. D'ailleurs, si vous avez quelque partie de votre terre un peu fatiguée, un défonçage à la charrue à vapeur, à trente ou trente-cinq centimètres, qui ramène, à la surface, de la terre vierge, remplace le meilleur des fumages. Le paysan, il est vrai, qui ne possède pas de charrue à vapeur, aurait souvent intérêt à ne pas laisser perdre son fumier. Mais le paysan ne fait que le strict nécessaire pour que sa terre rapporte. Il ne tient pas à s'ajouter un surcroît de travail, même s'il y a un bénéfice au bout.

Il est peu de grandes propriétés qui ne possèdent au moins une de ces laboureuses à vapeur, auxquelles je viens de faire allusion. Une laboureuse à vapeur est formée de deux locomobiles placées à cinq cents mètres de distance et reliées entre elles par un câble en acier qui tire une charrue à cinq socs. La charrue fait donc le va-et-vient entre les deux locomobiles qui, à chaque voyage, se déplacent de la largeur des sillons ; puis la charrue repart. Elle file à une grande vitesse, presque la vitesse d'un cheval au trot (elle fait environ un hectare de labour par heure) et creuse le sol à la profondeur que l'on veut. Mais c'est surtout pour les défonçages qu'elle est utilisée.

Une telle charrue n'est guère connue en France, car ce n'est que bien exceptionnellement qu'elle peut y être d'un emploi rémunérateur. Elle coûte très cher, en effet : quatre-vingt-dix mille francs. Pour faire raisonnablement une telle dépense, il faut donc de grands espaces à cultiver avec des ressources insuffisantes en hommes et bêtes, comme il arrive le plus souvent en Roumanie.

Et puis il y a la question du combustible qui, en France, augmenterait notablement les frais. En Roumanie, le combustible employé ne coûte rien, bien qu'il soit intrinsèquement très cher. Les locomobiles sont chauffées, en effet, à la paille. Vu la proportion minime des bêtes, relativement à l'étendue des terres, la majeure partie de la paille n'est d'aucun emploi. On s'en débarrasse en y mettant le feu, comme à une chose de nulle valeur. Mieux vaut, n'est-ce pas, utiliser la chaleur produite.

Mais peut-on produire beaucoup de chaleur avec un feu de paille ? Feu de paille, cela veut dire ordinairement un feu qui ne dure qu'un instant. Eh bien, le proverbe ment. On peut faire beaucoup de travail avec un feu de paille. Supposons, par exemple, deux mille hectares ensemencés de blé (je donne ce chiffre parce que c'est celui que j'ai été à même de contrôler). Avec la paille récoltée, vous pourrez faire marcher un moulin toute l'année, qui moût une grande partie du maïs d'un village ; une charrue à vapeur labourant dans l'année environ un millier d'hectares ; trois batteuses fonctionnant pendant deux mois. Et il vous reste encore finalement des montagnes de paille dont vous ne savez que faire. A moins que vous n'ayez de la brique à cuire. Car avec la paille, on peut aussi cuire de la brique ; je l'ai vu faire. Et ce n'est pourtant pas de la petite chaleur qu'il faut pour cela.

A côté de la charrue à vapeur, voici sa jeune sœur qui fait tout juste son entrée dans le monde : c'est la charrue à pétrole. Celle-ci, à l'encontre de son aînée, pourra être utilisée même sur les moyennes propriétés. Son prix d'achat est, en effet, bien moindre. C'est le prix environ d'une automobile de cinquante chevaux. Son prix d'entretien est bien moindre aussi. Enfin, le personnel qui y est employé est réduit à sa plus simple expression. Une seule personne suffit.

En France, il y a déjà eu plusieurs concours de laboureuses à pétrole. Aucune jusqu'ici n'a donné vraiment satisfaction. En Roumanie, les charrues de cette sorte commencent pourtant à se répandre. Je ne dirai pas celle que j'ai vue travailler, et travailler admirablement, car c'est une marque étrangère, à laquelle je ne tiens pas à faire de la réclame, d'autant plus que je suis persuadé qu'en France on arrivera rapidement à construire aussi bien et même mieux. La charrue dont j'ai admiré le travail a six socs. Elle est légère et s'agrippe au sol par des palettes qui sont fixées aux roues (comme sur les roues d'un bateau). Elle laboure environ trois quarts d'hectare par heure. Pour

R.F.

faire le même labour, il faudrait au moins six paires de bœufs se relayant, soit en tout vingt-quatre bœufs. La charrue est vissée au chassis, mais peut se détacher pour faire place, en été, à des moissonneuses. Je crois qu'une telle sorte de charrue est appelée à un grand avenir.

Chapitre VII

UN PROTECTIONNISME AGRAIRE

Pour finir je tracerai à grands traits quels sont les rapports, en Roumanie, entre les paysans et les propriétaires. Ce n'est pas que ces rapports puissent intéresser particulièrement la France. Elle n'a rien à puiser dans les lois qui régissent les conventions entre agriculteurs roumains. Mais ces lois sont capables de faire réfléchir ceux qui croient que le libéralisme économique est le dernier mot de la sagesse et la formule de l'avenir.

J'ai dit que la France n'a rien à puiser dans les lois agricoles dont je veux parler. Ces lois répondent, en effet, à un régime de la propriété dont la France est bien éloignée. En Roumanie, les terres cultivables sont ainsi divisées : en chiffres ronds, 3.700.000 hectares (soit 47 % de la surface totale) appartiennent à 4.000 propriétaires (ce qui fait une moyenne d'environ 900 hectares par tête). La petite propriété est représentée par 3.300.000 hectares (soit 42 %) répartis — (je donne toujours des chiffres ronds) — entre un million de paysans (ce qui fait une moyenne de 3 hectares par tête). Entre cette très grande et cette très petite propriété, il n'y a pas d'Etat tampon, la moyenne propriété embrassant à peine 11 % des terres cultivables.

Les terres occupées par les paysans leur appartiennent en vertu d'une loi de 1864 qui a exproprié une certaine part des grandes propriétés pour les distribuer entre les familles paysannes, à charge pour elles d'en rembourser le prix par annuités. Plus exactement les paysans ont racheté au propriétaire des redevances en travail qu'ils lui devaient. Mais c'est là une question assez compliquée et qu'il serait sans intérêt de discuter ici. En 1866, le code civil français est introduit en Roumanie. C'est le code qui va donc régir les relations entre les quelques milliers de grands propriétaires et la masse des nouveaux propriétaires paysans. C'est-à-dire que ce sera le régime de *la liberté des conventions et de l'égalité devant la loi*, ces deux grands principes démocratiques présentés par notre Révolution comme des principes de progrès et de justice. Paysans et propriétaires sont égaux, sont libres ; j'entends que, de par la loi, ils débattent sur un pied d'égalité les conditions dans lesquelles les uns emploient les autres. Résultat ? Le voici résumé par un économiste roumain : « *De l'excès de liberté économique est résulté pour les paysans l'esclavage économique, et de l'excès de l'égalité devant la loi est née à leur encontre une inégalité civile.* » (Je noterai cependant une dérogation au Code civil pour ce qui regarde la vente des propriétés. De par la loi de 1864, les propriétaires ne peuvent acheter les terres des paysans. Ceux-ci ne peuvent faire de ventes de terres qu'entre eux. Sans cette mesure, la propriété paysanne aurait vite disparu).

Notre code qui portait soi-disant avec lui le progrès et la justice fut donc cause chez les paysans roumains de mécontentements, de plus en plus vifs, qui aboutirent, en 1907, à une révolte formidable qui ne fut apaisée que grâce à l'armée. Mais le gouvernement comprit qu'il ne suffisait pas de réprimer, qu'il fallait réformer. Dans quel sens réformer ? Vers plus d'égalité encore et de liberté ? Jamais de la vie. Ce n'est pas de la liberté et de l'égalité que réclamait la situation des paysans ; c'est de la protection. C'est donc dans ce sens qu'a été conçue la réforme de 1907.

Pour en donner une idée, voyons les divers contrats qui peuvent être conclus entre propriétaires et paysans.

Les grands propriétaires se trouvent avoir d'abord à donner, chaque année, une certaine partie de leurs terres en location aux paysans. Pour plusieurs raisons. En premier lieu, pour pâturages. Un village renferme des milliers de bestiaux que les paysans n'ont pas de quoi faire pâturer et c'est une charge qui incombe donc au propriétaire. Il y est contraint par un devoir moral et une quasi obligation découlant de la coutume. Puis il y est d'ailleurs intéressé. La plupart de ces animaux, en effet, qu'il aide à nourrir, il a besoin de leur travail pour cultiver sa propre terre.

A quel prix le propriétaire donnera-t-il des pâturages en location au paysan ? Avant 1907, *liberté*. On comprend que, dans bien des cas, le propriétaire était maître de la situation. *La loi de 1907 a établi un prix maximum de location aux paysans*. (Je ferai ici une remarque générale. Quand je dis que le propriétaire, dans bien des cas, était maître de la situation, ce n'est pas à entendre qu'il en a abusé. Quand on est destiné à vivre côte à côte toute une vie, on se ménage. Mais des fermiers, qui ne font que passer sur la terre et espèrent faire fortune en quelques années, n'ont pas les mêmes scrupules. Or, presque toutes les grandes terres étaient affermées).

Le propriétaire peut être amené à louer des terres aux paysans pour d'autres motifs que le pâturage. C'est pour lui une manière de débourser moins d'argent pour mettre en valeur ses centaines ou milliers d'hectares. Moyennant une certaine étendue de terrain où, dans l'année, il cultivera à son compte ce qu'il voudra, le paysan se charge de faire un certain travail. C'est aussi pour le propriétaire un moyen de retenir le paysan au moment où le travail est intense —

comme au moment de la moisson — et où on se dispute les bras. Pour ces locations aux paysans de terres à cultiver, *un prix maximum a été également établi par la loi de 1907.*

Le paysan travaille d'autre part souvent en dîme chez le propriétaire ou le fermier. Le propriétaire ou le fermier qui n'ont pas devant eux les capitaux nécessaires ont encore là un moyen économique de cultiver leur terre. Le paysan donne gratis son travail et partage la récolte avec son employeur. Il est d'ailleurs une culture que le paysan d'ordinaire se refuse à faire autrement qu'en dîme, c'est la culture du maïs. Le maïs fait le fond de la nourriture du paysan, et le paysan tient à l'avoir à sa disposition sans être obligé de l'acheter. Pour les cultures en dîme, quelle est la part du propriétaire, quelle est la part du travailleur ? Avant 1907, ici encore *liberté. La loi de 1907 a établi les parts de chacun, qui varient suivant les céréales.*

Pour les travaux effectués par les paysans à prix d'argent, quel est le prix ? Avant 1907, toujours *liberté. La loi de 1907 a imposé un salaire minimum.*

Ce qui permettait dans bien des cas au propriétaire de débattre le prix du travail, c'est la faculté qu'il avait d'engager des étrangers. Au moment de la moisson et des labours, sur bien des grandes terres, des colonies de Bulgares venaient camper. Depuis 1907, il faut, pour engager des étrangers, une autorisation du ministère de l'intérieur qui ne la donne qu'après enquête et assez difficilement.

Ce qui rendait aussi parfois le paysan prisonnier, ce sont les trusts de fermages réalisés par certains spéculateurs (surtout juifs). Des associations de fermiers avaient réussi à accaparer le fermage de contrées entières. C'était supprimer en fait la loi de l'offre et de la demande au profit du fermier. *La loi de 1907 a interdit à quiconque de prendre en fermage plus de quatre mille hectares*, dès lors qu'ils se trouvent répartis en plusieurs terres.

Tel est dans ses grandes lignes le nouveau régime sous lequel vivent en Roumanie grands et petits agriculteurs. La Roumanie a fait l'essai, au point de vue économique, des grands principes révolutionnaires de liberté et d'égalité. Elle a reconnu après expérience que ces principes aboutissaient dans la pratique à l'oppression des plus faibles. Et, dans l'intérêt de ces plus faibles, elle a dû, tournant le dos aux principes dits démocratiques, en venir à un système contre-révolutionnaire de protection.

BIBLIOTHÈQUE NATIONALE R.F. IMPRIMÉS

FIN

TABLE DES PLANCHES

BIBLIOTHÈQUE NATIONALE R.F. IMPRIMÉS

TABLE DES MATIÈRES

BIBLIOTHÈQUE NATIONALE R.F.

ACHEVÉ D'IMPRIMER
LE 30 MAI 1914
POUR LA
NOUVELLE LIBRAIRIE NATIONALE
PAR
L'IMPRIMERIE BELLIN
DE MONTDIDIER

www.ingramcontent.com/pod-product-compliance
Ingram Content Group UK Ltd.
Pitfield, Milton Keynes, MK11 3LW, UK
UKHW021212220726
13924UKWH00003B/1486

9 782019 918958